Dieter Duhm

La Matriz Sagrada

De la matriz de la violencia a la matriz de la vida.
Los fundamentos de una nueva civilización.

TOMO II

Sobre el libro:

¿Hay aún una posibilidad, de parar la violencia mundial y de disponerse a hacer una globalización de paz?

La respuesta del presente libro dice: sí, el sueño de paz podría volverse realidad," … si nosotros lo queremos y lo hacemos con todas las fuerzas." Partiendo de los más modernos conocimientos científicos el autor desarrolla el concepto de una globalización de la fuerza de paz, que empieza en pocos lugares de la tierra, los así llamados biotopos de curación, y es capaz de cambiar el sistema actual de manera decisoria para el futuro. "En la formación de campos de la evolución no es valido el derecho de los más fuertes, sino el éxito de lo más completo", es una de sus tesis. "El tránsito de la matriz de la violencia a la sagrada matriz de la paz no sigue una lógica de la lucha de poder, sino un posible cambio de programa en cualquier momento."

Biotopos de curación son comunidades de futuro sostenibles "puntos de acupuntura de paz", "invernaderos de confianza". Son centros en los que se conectan tecnologías post-capitalistas con "saber hacer" ecológico y social. El libro describe, porque ya con unos pocos de estos centros en la tierra podría ser suficiente, para disponerse a hacer un proceso de curación global.

ISBN: 978-3-927266-39-1
© 2012 Verlag Meiga GbR, primera edición
Monika Berghoff und Saskia Breithardt
Waldsiedlung 15 • D-14806 Belzig
Tel: +49 (0)3 38 41-3 05 38 • Fax: - 3 85 50
E-Mail: info@verlag-meiga.org • www.verlag-meiga.org

Traducido del alemán por Carmen Alburquerque Ruiz.
Lectorado: Mariló Herrero y Andy Wolfrum
Título original: Die Heilige Matrix.

Diseño y Composición: Juliane Paul
Imprenta: Lightning Source Ltd. UK/USA

Prefacio

Actualmente tiene lugar en la tierra una enorme injusticia. Muchos que se oponen a ella, están encerrados en las celdas de tortura de militares, policía y servicios secretos. En este momento son cientos de miles las personas que padecen allí los dolores más innombrables. A pesar de ello, siguen ahí. Ese es el criterio por el que nos debemos medir cuando se hable de trabajo por la paz global. ¿Dejaremos aún que se extingan los gritos de las víctimas?, o ¿construiremos un mundo en donde no haya más víctimas?

Dieter Duhm, Tamera/Portugal, octubre de 2000

Agradecimientos

A todos los amigos y colaboradores, que se han mantenido firmes hasta hoy. A todos los amantes, que a pesar de profundas decepciones en el amor han regresado. A los afectados en todo el mundo, que a pesar de todo no han perdido su humanidad. A todos los luchadores de la resistencia contra la injusticia global, a los incorruptibles luchadores individuales, a los militantes defensores de los animales, a todos, los que se han arriesgado, hasta romperse – a todos, los que han situado el derecho a la vida por encima de las leyes escritas. A todos, los que han seguido la verdad y no se han acomodado al sistema vigente. A todos, los que han caído en la gran lucha de liberación – desde Chile hasta hoy – a todas las mujeres y madres en el mundo, que se han mantenido firmes a pesar del fuego y la tortura: un profundo saludo y agradecimiento. El movimiento sigue. Para nuestros hijos, para la vida para el amor y para la liberación de todas las criaturas.

Nota de la editorial a la traducción al español:

"La Matriz Sagrada" es una obra básica para un nuevo futuro en este planeta. Se escribió a lo largo del año 2000 y se refiere a acontecimientos políticos de ese tiempo. No hemos variado estos datos. Cambian los nombres, pero la injusticia de base es la misma y es hoy más actual que nunca.

El libro es, en su versión original, una obra tan densa y extensa, que hemos decidido publicarlo en dos tomos. El Tomo I contiene los capítulos del 1 al 6; el Tomo II los capítulos del 1 al 6. Cada capítulo representa en sí mismo una unidad didáctica, que puede ser estudiada independientemente del resto. Las lectoras y lectores no necesitan leerse el libro de principio a fin, sino que pueden empezar con aquellas partes, que en este momento les resultan más interesantes.

El libro está apoyado por una red global creciente y por un proyecto concreto: Tamera. Se encuentra, como todo lo vivo, en continuo desarrollo. Por favor, infórmense sobre el desarrollo actual en Internet (www.tamera.org) o contacten el Instituto de Trabajo de Paz Global (Página 183).

Agradecemos a todos los que han colaborado con la traducción al español y deseamos a este libro una divulgación exitosa.

¡Disfruten durante la lectura, el aprendizaje y el estudio! Nos alegramos de recibir comentarios.

Monika Berghoff
Editora, Editorial Meiga

Índice

Capítulo 6   (TOMO I)
Un proyecto para el trabajo de paz global

El origen del proyecto
Una nueva investigación de base con métodos insólitos
El martillo de las sectas
Posterior desarrollo y fundación de Tamera en Portugal

TOMO II

Introducción

Capítulo 1   (TOMO II)
La existencia universal

Capítulo 2   (TOMO II)
Cooperación con la naturaleza

Introducción

Estoy sentado en un pequeño café en el Alentejo, la región más rural de Portugal. Hay muchos portugueses en la barra, camareros amables, perros jugando ante la puerta abierta. Se bebe bica dulce, el café sólo portugués. Un niño pequeño juega en su corralito. Por encima de todos resuena el televisor. Fuego de ametralladoras, gritos, casas ardiendo: una película de guerra.

¿Qué será de ese niño? ¿Qué huellas dejan esas impresiones de espanto en el alma de un niño pequeño? Día tras día emite la televisión informaciones de violencia a millones de hogares hasta en los rincones más apartados del mundo. Esas informaciones son realidad. ¿Qué será de los niños en todo el mundo, que pronto vivirán en la realidad esto que se ve aquí en la tele? ¿Qué ocurre con los que hoy, ahora, lo viven en la realidad? En Chechenia o en Kosovo, en Sierra Leona o en Ruanda, Argelia o Colombia, Guatemala o Tibet?.

El frenesí de la matanza tiene que tener un final. La tierra se ve invadida por una orgía asesina global, que cada vez arrastra a más gente, si no logramos construir una fuerza de paz global, que sea más fuerte que la fuerza del exterminio.

Ya no se consigue nada con llamadas a la paz y con pequeñas reformas. El exterminio se produce en nombre de grupos individuales, bancos, empresas, industrias armamentísticas, gobiernos, ejércitos, servicios secretos, logias etc., que ponen en escena la masacre global. Pero esos grupos no podrían imponerse al resto del mundo, si la civilización humana no se encontrara en su totalidad en un camino equivocado. En el trasfondo del desastre global está una matriz falsa de la vida, en la que nos hallamos todos, más o menos. La masacre sólo se puede acabar cuando encontremos la verdadera matriz y la pongamos en práctica.

Este libro se ocupa del tema de la investigación de la nueva matriz y de las posibilidades de ponerla en práctica en todo el mundo. A lo largo de esta investigación nos encontramos con determinadas estructuras de construcción de la realidad, que posibilitan el tránsito de la vieja matriz de la violencia a la nueva matriz de la vida. La lógica de la liberación que se produce así, es convincente para todos aquellos que comprenden el camino. Sigue un modelo de pensamiento que se nos sugiere actualmente por una conexión moderna entre conocimientos históricos, científicos y espirituales. El universo no es unívoco sino equívoco. Contiene –como una especie de súper-holograma y ciberespacio-, no sólo una, sino muchas realidades posibles. Cual de ellas reclama y realiza la civilización humana, depende de nuestros conocimientos, de nuestra voluntad y de nuestro empeño. Hoy en día, estamos al final de la época histórica del patriarcado, ante una amplia revolución de una nueva categoría.

Los pensamientos básicos de nuestro modo de vida y cultura actual deben ser sustituidos por otros. No se trata con ello de una lucha por el poder en el sentido antiguo, sino de desviar a la matriz de la violencia existente, con ayuda de los giros adecuados, hacia la matriz de la vida universal. Este proceso incluye de manera completa las cuestiones ecológicas, sociales, sexuales y espirituales de nuestro tiempo, y las guía a aquella visión, que se describe en el libro como modo de existencia universal.

Las declaraciones del libro son el resultado de un largo trabajo de investigación. En los años 70 abandoné mi posición burguesa en el matrimonio y en el trabajo (profesor universitario), para crear un proyecto de investigación a largo plazo, en el que la teoría y la práctica deberían desarrollar nuevas bases para una vida comunitaria humana (ver Capítulo 6, Tomo I). De ahí resultaron perspectivas que rebasaban el marco grupal, pero que luego volvían siempre al mismo.

Se originó un grupo de 35 personas, que durante muchos años, en parte hasta ahora, permanecieron juntos. Acompañan al grupo algunos cientos de simpatizantes, que quieren ayudar a seguir construyendo el proyecto.

Nos vimos motivados a volver a cuestionar todas las preguntas de la curación humana, y a formularlas, no para nosotros, sino para la vida planetaria en su totalidad, porque empezamos a comprender lo que significa ser una parte del todo. Así se originó el concepto de Biotopo de Curación, que está en el centro de atención de este libro. Los informes de experiencias y las declaraciones teóricas se basan en una larga experiencia de comunidad poco habitual, en la que por medio de métodos de "investigación vital" (Capítulo 6, Tomo I), pudimos saber cada vez más sobre las cuestiones básicas sobre la vida y la supervivencia de nuestro tiempo. Era una experimentación fundamental sin fronteras, referida primero a nuestra propia vida, después a la vida en general, y finalmente a la cooperación con todas las criaturas en el cuerpo biológico de nuestra Tierra y en el cuerpo mental-espiritual del universo. Con ello se desarrolló un proyecto de paz, que iba creciendo y que tiene hoy su centro en Tamera/Portugal (Capítulo 6, Tomo I). Allí también se gestó la "Escuela de Paz Mirja", en la que antiguos conocimientos de paz de la humanidad confluyen con los conocimientos de nuestro tiempo y siguen desarrollándose.

El libro ofrece respuestas a muchas preguntas básicas de nuestra existencia, de nuestro origen e historia, de nuestra situación social y personal, por ejemplo a la pregunta sobre el origen del mal en el mundo, sobre el trauma original de la historia, sobre el trasfondo de nuestra alienación, sobre las raíces del miedo sexual, sobre las posibilidades de curación, sobre la existencia más allá del nacimiento y la muerte, sobre las posibilidades de una cultura mundial futura sin miedo y sin violencia.

En la búsqueda de respuestas concluyentes tuve que tirar por la borda o modificar teorías existentes. Otras las seguí consecuentemente. Soy consciente de que todas las respuestas que se ofrecen aquí son afirmaciones históricas – y con ello limitadas. Nos encontramos en un proceso de cambio universal, ningún conocimiento está listo definitivamente y para siempre. Pero cuanto más profundos y fundamentales son los pensamientos, más se acercan al campo energético de una nueva forma de revolución y liberación imparable.

La visión de una tierra nueva se vuelve a veces tan concreta, que la meta parece estar ante nosotros, al alcance de la mano. La alienación se ha convertido en global y perfecta, pero el muro histórico, que nos separa de la matriz de la vida se ha hecho más delgado. Como si estuviéramos muy cerca delante de ella. Visión, pensamiento y realidad vienen de la misma fuente, y esa fuente está obviamente en una cercanía inmediata. Lo que se describe en este libro de visión concreta y de teoría, no podría haber sido escrito, si no se encontrara en el camino de la realización. A pesar de lo extremo, hay una verdad profunda en las palabras de Einstein: "Todo lo que se puede pensar, se puede convertir en realidad". Quiero añadirle algo y continuarla: lo que se percibe como posibilidad existencial, como nueva identidad, como nueva tierra y nuevo cielo, se encuentra ya, por el hecho de percibirlo, en proceso de realización.

El libro es muy denso en muchas de sus partes. Por ello se aconsejan, buenas pausas para tomarse un respiro. He intentado, formular cada párrafo, de manera que pudiera ser leído y comprendido también por sí sólo. Por ello era difícil impedir las repeticiones. ¡Ojalá contribuyan a reforzar la afirmación básica! Que dice: hay una posibilidad real de curación total; los nuevos patrones de pensamiento necesarios para ello, así como los modelos de solución, están disponibles. Se desarrollan paso a paso y al final se resumen en el Tomo II. A los lectores y lectoras, que quieran tener una perspectiva rápida de las afirmaciones básicas y los objetivos de este libro, les recomiendo encarecidamente en primer lugar el capítulo final del Tomo II sobre Tamera y la Escuela de Paz Mirja. Aquí está de forma concentrada la posición del proyecto, de la que se habla en este libro.

Quiero animar a todas las personas, que buscan una nueva realización y a quienes iluminan estos pensamientos, a participar en el proyecto.

A los jóvenes lectores les quiero recomendar: no os quedéis demasiado tiempo leyendo las partes que os son aún incomprensibles. Se volverán más comprensibles a lo largo del libro.

Leed con intensidad los pasajes que os animan y entusiasman. Pasad las partes que menos os interesan. El libro vive tanto de mi energía y motivación elevada, como de la vuestra.

Ayudadme a divulgarlo para que muchas personas tengan el coraje de participar en el trabajo por la paz que aquí se presenta. El mundo necesita vuestra ayuda.

Tamera, septiembre de 2000

P. S.: la mayor parte de las citas de este libro no tienen una indicación precisa de la fuente. Pido indulgencia, ya que mis libros y manuscritos fueron víctima del fuego de nuestra nave.

12 frases fundamentales

1. Hoy estamos ante la gran revolución desde el neolítico. Es el tránsito de la época patriarcal a una nueva forma de civilización humana.

2. Las estructuras globales de violencia y de miedo, de guerra de sexo y de dominación masculina, racismo y genocidio, explotación del "Tercer Mundo" y de la naturaleza, están condicionadas por la historia y por ello pueden ser cambiadas en la historia.

3. También los problemas personales con los que millones de personas van hoy al terapeuta, están condicionados históricamente y necesitan por ello junto al tratamiento individual de una respuesta social y política.

4. Crisis medio ambiental y crisis del mundo interno son dos caras de la misma enfermedad global. Solo se las puede comprender y solucionar si se contemplan conjuntamente.

5. Por la lucha milenaria contra lo femenino y por la represión histórica de la sexualidad se ha destruido considerablemente el amor entre los sexos. Una nueva, cultura libre de violencia se enraíza en una nueva relación entre los sexos.

6. La curación del amor entre los sexos sólo es posible con una nueva relación entre las personas con la Matriz Sagrada y con las fuentes universales de su existencia. Sexualidad y espiritualidad no se excluyen, sino que se incluyen, pues viene de la misma fuente.

7. Con la expansión imperialista de la dominación masculina por medio de la iglesia, del estado y de la economía, se perdieron los orígenes matriarcales y espirituales de la conexión cultural humana. Debemos volver a encontrarla en un nuevo nivel, para posibilitar la creación de una cultura sin violencia y global.

8. Las personas y la naturaleza están unidas originalmente en un Ser y una conciencia. Cuando la persona se encuentra a los seres de la naturaleza en un nuevo espíritu de amor y cooperación, estos responden con una amistad sin reserva.

9. Hay para la realización de un nuevo mundo basado en la cooperación y en el amor, una matriz básica, que como plan de la creación vive en todos los seres. Esa matriz se encuentra en el banco de datos cósmico de nuestro tejido celular., por ello se la puede reclamar y realizar.

10. El nuevo orden no puede crearse dentro de las relaciones vitales existentes. Es necesaria la construcción de un nuevo sistema de vida con comunidades capaces de sobrevivir y de Biotopos de Curación que funcionen como "invernaderos de la confianza".

11. El tránsito de la matriz de la violencia a la matriz de la vida se produce tras un patrón entelequial como el cambio del gusano a la mariposa o del hielo al agua. No es la lógica de la lucha de poder, sino de un cambio del programa instalado.

12. El mundo es un tejido de frecuencias e informaciones. Cuando se introduce el código correcto para la nueva matriz de la vida, alcanza a todos los seres (como ondas de radio) y tiene un efecto en todas las cosas. Ahí está la base para el concepto "actuar localmente, produce efecto globalmente".

Capítulo 1
La existencia universal

El mendigo ciego de la plaza de la iglesia - podría ser yo. La misma energía nos recorre a todos nosotros, también a mí y al perro, a mí y a la planta, a la piedra, al riachuelo. Todo es un continuo. Basándonos en este conocimiento ya no tienen ningún sentido más la condena o la violencia. Dejan de existir.

El ser humano holográfico

No estoy gordo.
   Obelix

Mi dimensión y la dimensión del universo son idénticas.
   Dieter Duhm

Encontrar una identidad que pueda contener
realmente al Todo manifiesto.
   Ken Wilber

Me gusta tanto ser una parte del todo.
   Monika

Elige un momento cualquiera en la historia
de tu vida de encarnación en encarnación.
Desde ahí puedes mirar en cualquiera dirección
hacia atrás y hacia adelante, al pasado y al futuro.
Al espacio cósmico o al terrenal.
¿Por qué tendría que ser hoy diferente?
   Dieter Duhm

La futura existencia de los seres humanos en el planeta Tierra, que en este capítulo se denomina como "existencia universal", es un asunto de la experiencia, del recuerdo, de la visión y del conocimiento. Antes de describirla, quiero decir algunas cosas sobre la nueva imagen del ser humano y de la vida, a la que corresponde esta experiencia. Vivimos en una época en la que, el pensamiento a partir de la experiencia y el pensamiento científico, confluyen en puntos más profundos que hace treinta años. Por ello quiero anteponer al tema de la experiencia de la existencia universal dos párrafos, que nos muestran, qué somos y porqué somos diferentes de lo que creíamos ser. Continúo el libro que escribí hace 25 años llamando "Der Mensch ist anders" [El ser humano es diferente]. Somos realmente diferentes, completamente diferentes, y el error, que nos separa de la realidad, es que creemos que somos de hecho como fingimos que somos, y que vivimos de hecho una existencia tan limitada como la que nos han enseñado a vivir. Pero vivimos en un mundo holográfico y cósmico. Somos seres holográficos y cósmicos y por ello en un sentido cierto, carecemos de límites. No nos acabamos en la superficie de nuestra piel. Cuando comprendemos ambas existencias, la holográfica y la cósmica, comprendemos la existencia universal de todos los seres. Desde esta base surge por sí misma la solidaridad con todas las criaturas.

El ser humano es una condensación holográfica del universo. Somos algo así como una estación cósmica, una estación interceptadora de todas las vibraciones, energías, informaciones que contiene el universo. Todas las informaciones del universo las llevamos escritas en nuestro cuerpo. En el Evangelio de San Juan se dice: "El verbo se hizo carne y habitó entre nosotros". El "verbo" es la traducción de la palabra griega "logos". El verbo universal se convirtió en carne y habitó – en la figura de Jesús- entre nosotros. Sin embargo no vivió sólo en Jesús, sino que vive en cada uno de nosotros mientras no nos hayamos cerrado demasiado a él. El verbo universal: ese es el espíritu del universo, la Matriz Sagrada. Ella vive en todos los seres. Cada cosa, cada grano de arena, cada óvulo, cada planta prímula, cada topo es una condensación holográfica del universo. Todas esas condensaciones están unidas en un movimiento holístico eterno. Y por medio de ese movimiento fluye siempre el todo, el espíritu, Brahma, Dios.

También la comunidad humana es en su imagen original una copia holográfica del universo. El círculo de piedras Almendres, cerca de Évora, en Portugal une el orden cósmico con el orden social de la comunidad original. Obviamente la frecuencia universal con la que se percibía y se comprendía en aquella época el universo estaba aún libre de frecuencias perturbadoras. La arquitectura de las grandes pirámides egipcias (por cierto, ¡de modo muy similar a la misteriosa arquitectura de las termitas!), la situación de las primeras ciudades, la elección de los emplazamientos para los centros sagrados y los oráculos seguían un modelo cósmico (ver sobre ello Robert Temple, "El Misterio de Sirio"). La fundación original del centro sagrado de Malta tuvo lugar hace aproximadamente 30.000 años, mucho antes de la construcción del templo. Formaba parte de una red de centros parecidos que se extendía por toda la Tierra. También aquí seres muy desarrollados espiritualmente han seguido un holograma sagrado y lo han extendido en la imagen de un patrón sagrado por toda la Tierra. Más tarde, quizá 7000-5000 a.C., se despidieron estos seres altamente desarrollados (que en realidad son aspectos más amplios de nosotros mismos) de la isla y dejaron a las sacerdotisas la continuación del trabajo. Se construyeron los famosos templos de Malta y aquella civilización floreciente, que describió Sabine Lichtenfels en su libro "Tempel der Liebe" [Templos del Amor].

La mirada holográfica del universo lleva a un cambio fundamental de nuestra comprensión del espacio y del tiempo. En un mundo de proyecciones y condensaciones holográficas no hay ni tiempo ni espacio objetivo pues todo está contenido en todo. Todo se encuentra en un punto. Estos puntos están en todos sitios. Desde cada punto se despliega el panorama del mundo en todas direcciones del espacio y del tiempo. En cada punto el pasado y el futuro son el presente, es decir están neutralizados. La holografía del momento hace posible todos los movimientos proyectivos en todas las direcciones del espacio y del tiempo. Por ello no existe ningún pasado ni futuro objetivos en el viejo sentido. Cómo era el pasado depende - como con cada objeto que contemplamos holográficamente - del ángulo del que orientamos sobre ella el "rayo de referencia", con qué tendencia de la conciencia y frecuencia la contemplamos, pues esta decide sobre las imágenes que se vuelven visibles. También decide sobre los presuntos periodos en los que han pasado las cosas. El levantamiento de megalitos en la civilización megalítica por ejemplo surgió según la manera tradicional de ver la historia hace de 6000 a 3500 años. ¿Entonces qué ocurre con los círculos de piedra que se encontraron ante la costa atlántica francesa a 16 metros de profundidad bajo el mar? En la época señalada había mar allí y los anteriores habitantes no habrían podido construir sus círculos de piedra bajo las aguas. Entretanto se han encontrado cientos de hallazgos igualmente desconcertantes que nos llevan a esbozar una nueva imagen de la realidad que esté unida con otra imagen de la historia y del tiempo histórico. (Querría señalar aquí de nuevo con cierta precaución el extraordinario libro "Darwins Irrtum" [traducido como *Darwin se equivocó*. N. de la T.] de Hans-Joachim Zillmer además de los muchos fenómenos enigmáticos y los descubrimientos de Erich von Däniken y de otros). La edad que parecen tener las cosas depende del punto de vista y de la perspectiva desde el que dirijamos nuestro foco (rayo de referencia) a la película holográfica del mundo.

La estructura holográfica del universo tiene consecuencias que sólo comprenderemos completamente en las próximas décadas. Por ejemplo, se encuentra toda la información del universo en cada uno de sus puntos espacio-temporales. George Leonard escribe en "Der Pulsschlag des Universums" [traducido probablemente como *El pulso silencioso*, N. de la T.].

Como cada partícula del universo produce continuamente campos de frecuencias y cada combinación de partículas organizada envía su propio e inconfundible campo, el número de ondas que se cruzan es casi infinitamente grande. En teoría se podría crear en cada punto del universo un tipo de superholograma que contuviera todas las informaciones sobre todo el universo desde esa perspectiva.

Con la frecuencia correcta de nuestra conciencia seríamos capaces de obtener en cada punto del universo toda la información del universo. Y justo eso es lo que hace cada célula de nuestro organismo, es justo eso lo que hace la araña cuando construye su tela de araña, o las termitas cuando construyen sus increíbles ciudades. Vivimos en un mundo de conexiones infinitas de luz e información. Si pudiéramos conectarnos con la mente consciente en este acontecimiento, seríamos omniscientes. Quizá lo seremos un día, porque también la estructura de nuestro cerebro me parece ser una copia holográfica del universo con su número infinito de conexiones neuronales.

En la época de la gran separación se desarrolló la idea del yo individual. El ser humano tuvo el pensamiento de que él está sólo y separado sobre la Tierra, sin el tejido holográfico que lo une con el todo. Así surgió a lo largo de la historia esta imagen del ser humano tan estrecha y distorsionada con la que apenas se pueden resolver los problemas ante los que nos hallamos hoy en día. Somos los herederos de una historia del pensamiento equivocada. Pensamos que el ser humano es lo que encontramos en nosotros mismos: nuestros cuerpos individuales, nuestra alma individual, nuestra vida individual que comienza con el nacimiento y que acaba con la muerte. Si vemos solo eso, lo que vemos es un fragmento minúsculo de una totalidad que comenzó bastante tiempo antes de nuestro nacimiento y que va más allá de la muerte. Y ese todo es - en la condensación holográfica de tiempos y espacios incontables - el ser humano; ese todo somos **nosotros mismos.**

Para saber cómo podemos crear la nueva Tierra tenemos que volver a crear en nuestra consciencia el mundo real. Eso quiere decir que tenemos que reencontrar la conexión con los sistemas de los que formamos parte y de los que surgimos holográficamente en cada momento. Es el ser humano en su totalidad, esa condensación de todo el universo, del que se dijo que era la fiel imagen de Dios: "**Adam Kadmon**". Ese ser humano es tan grande y tan extenso como la creación con que esta conectado holográficamente. Su ser aparece en los diferentes eslabones y formas de la condensación holográfica, podríamos decir que en los estados de agregación más diversos. Los habitantes de Atlantis vivieron hace

50.000 años en un estado de agregación diferente al actual. La Tierra se encontraba hasta ahora según Rudolf Steiner en siete "estados telúricos", que son siete estados diferentes de agregación de nuestra existencia. Y todos estos estados de agregación existen aún hoy como universos paralelos holográficos coexistentes. Todo lo que existió alguna vez, toda la serie de hechos sucesivos en el tiempo existen en un plano distinto como coexistencias simultáneas. El corte longitudinal de la historia se vuelve a encontrar en el corte horizontal del presente.

Es este ser humano **completo** el que ha creado las maravillas inexplicables que relatan Däniken y otros. En esas maravillas, esos pictogramas y construcciones inexplicables se esconde un mensaje que tiene su origen en la experiencia de la totalidad: no olvidéis, vosotros habitantes de la Tierra, que sois una parte de la totalidad y que es esa totalidad la que ha creado en la forma del ser humano todas esas obras que veis ante vosotros hoy en día como maravillas.

El mundo de las cosas y de los acontecimientos surge de las condensaciones holográficas. Las imágenes que vemos son proyecciones holográficas de cosas que según el enfoque del rayo de referencia o foco, aparece así o asá. Nosotros desempeñamos tanto el rol del proyector como el del receptor. Un OVNI por ejemplo es una condensación holográfica de "algo". Los OVNIS poseen la realidad de imágenes proyectivas por lo que son en ese sentido indudablemente reales y pueden ser vistos, fotografiados, tocados ocasionalmente por los seres humanos reales. Al mismo tiempo puede ocurrir que haya otras personas alrededor y que no vean absolutamente nada. Ninguna de las dos partes miente, sólo se encontraban en lugares diferentes de proyección y de recepción. Lo mismo es válido para las famosas apariciones de María. Los unos la viven como una realidad concreta, pueden incluso hacer fotos de ella, los otros no ven nada. Esto no depende de si unos han bebido más aguardiente que los otros, sino de que los distintos participantes se encuentran en planos de conciencia diferentes y han programado sus sentidos con frecuencias distintas.

Los niños de nuestro proyecto vieron realmente alrededor de la sauna "pequeños hombrecillos". No cambiaron de opinión y se ocuparon de que se construyera una casita para ellos. De igual manera vieron muchas personas en los famosos jardines de Findhorn a las llamadas "devas", a los elfos y a espíritus de la naturaleza. No hay duda de que vieron algo real, o sea una condensación determinada en el holomovimiento del mundo que les pareció en aquel momento como seres élficos. No dijeron tonterías, sino que vieron realmente un aspecto de la realidad holográfica. La cuestión de si existen o no tales seres se puede responder claramente: sí, existen si estás en la misma frecuencia. Lo único que no parece existir en el mundo holográfico es esa forma de objetividad y de claridad que nos gusta exigir para tener pruebas. Solo las tenemos cuando todos nosotros miramos en el mismo punto espacio-temporal con una programación igual y la misma frecuencia y mismo punto de vista al mismo objeto. Más allá existen realidades a las que accedes o a las que no accedes. Tener acceso a ellas no es ni de lejos una prueba absoluta de su existencia y no tener acceso a ellas tampoco es una prueba de que no existan. La realidad real es siempre una interacción de nuestra mente-espíritu con el holomovimiento del universo en el que se puede tener acceso a un número prácticamente infinito de imágenes (es decir de posibles realidades).

Jürgen H., uno de nuestros colaboradores en Tamera, es un técnico con facultades especiales. Parece estar conectado a los campos paranormales y de disponer por ello de energías insólitas. No podría realizar sus asuntos insólitos si no estuviera conectado a los sistemas especiales del mundo holográfico de los que proceden esas energías. Como está conectado a tales sistemas - presumo por ejemplo al sistema "siriano", también al de la Atlántida, le fluyen los conocimientos y las capacidades que necesita para su trabajo. Este proceso se desarrolla, en principio, en cada uno de nosotros. La manera de conectarnos con los sistemas superiores, cuya condensación holográfica somos nosotros, decide sobre las energías volitivas, las capacidades, los conocimientos que están a nuestra disposición aquí, ahora y en este momento. Cuanto mejor es la conexión, son superiores los rendimientos que somos capaces de ejecutar. (De esta manera es comprensible porqué personas son capaces de llevar a cabo el más alto rendimiento en sectores de trabajo para el que no han hecho ningún aprendizaje.)

El mundo está desarrollándose. El algo del que proceden todas las apariciones - los hindúes lo llaman Brahman - atraviesa todo lo que existe y crea en todos los puntos espacio-temporales sus condensaciones holográficas: aquí un protón, allí un alga azul, allí un zorro del desierto o una persona o una galaxia. Todo está conectado entre sí por el holomovimiento del mundo, y todo tiene algo del otro, con el que está conectado. Así soy de hecho también un poco de la espinaca, que recogemos hoy, y de las ratas, con las que hemos conversado esta mañana. En realidad, la rata es una copia holográfica de mí mismo, así como yo soy una copia holográfica de la rata pues ambos somos copias holográficas del mismo todo. Somos ambos copias de la misma diosa, de la misma divinidad, de la misma conciencia mundial. El proyector que produce ambas imágenes está siempre en el holomovimiento del todo al que pertenecen ambas criaturas. Entremos en la naturaleza de tal manera que no llevemos ningún miedo, ninguna destrucción y ningún veneno más a esos canales de conexión de toda la vida.

Nuestra existencia cósmica

Tenemos que aceptar que somos divinos.

Sabine Lichtenfels

Somos como seres humanos no sólo ciudadanos de un estado o de una sociedad, tampoco somos solo ciudadanos de la Tierra, sino en primer lugar miembros del universo. En la Tierra nos encontramos solo el tiempo relativamente corto, en el que nos encarnamos en un cuerpo físico. Estamos aquí en una especie de escuela, para adquirir ciertas capacidades, ciertos conocimientos y realizar ciertas tareas. Si vamos por la vida terrenal con esta perspectiva, algunas cosas parecen diferentes. Si sólo tuviéramos esta vida terrenal, muchas cosas no tendrían ningún sentido, nos parecerían casualidad. Pero las cosas esenciales que vivimos en la Tierra no son casualidad, sino que se hallan en una línea de significado que sólo comprendemos cuando tenemos una idea de lo que ocurre antes y después. Hemos llevado a cabo en diferentes grupos en total más de treinta trances de regresión y de esta manera hemos conocido la sucesión kármica en la que ciertos temas y tareas se repiten hasta que son resueltas. Los amigos que encuentro, las parejas con las que caminamos a través de la vida, las personas de las que nos enamoramos ya de niños, las preferencias por ciertos viajes, épocas, culturas, la elección de la profesión, la elección del rol sexual como hombre o mujer, el rol de víctima o de agresor, el de pobre o de rico, incluso la forma corporal, la altura están trazadas en un plan vital que nosotros mismos hemos trazado colaborando con muchas otras almas antes de venir a la Tierra. A veces nos encontramos con alguien, que nos resulta inmediatamente conocido y familiar, aunque ambos creemos no habernos visto nunca. Estas experiencias de "déja vu" son el prólogo a veces de largas historias amorosas. Se basan, si son verdaderas, en el simple hecho de que nos conocemos perfectamente de reencarnaciones anteriores o del grupo cósmico en el que se ha convivido mucho tiempo y que mejor se conoce.

El plan para nuestra vida actual en la Tierra estaba ya perfilado antes de que nuestra alma cósmica entrara en el embrión del que surgimos físicamente. También puede ser que hayamos olvidado el plan con todas las dificultades y conflictos a los que estamos expuestos en nuestra vida terrenal y que por ello tomemos caminos falsos que tendremos que volver a corregir en reencarnaciones posteriores. A veces se muestran tales caminos equivocados en forma de accidentes, enfermedades, crisis internas, mala conciencia y el sentimiento incierto de no alcanzar jamás el objetivo. Nos damos cuenta de que algo no funciona del todo en nuestra vida. Si estuviéramos en el lecho de muerte, sabríamos con precisión en qué parte de nuestra vida nos desviamos del camino principal y abandonamos o aplazamos nuestra tarea. A menudo por una reacción emocional negativa, por miedo u odio o simplemente por terquedad. Son en su mayoría cosas sorprendentemente "banales" las que provocan faltas que duran toda la vida. Una paciente se encontraba en un trance de regresión en una iglesia en Marsella donde habían llevado a los enfermos de peste. Ella misma era una víctima de la peste (a finales del siglo XVIII), estaba sorprendentemente tranquila, tenía un poco de frio y parecía querer tirarse del pelo una y otra vez porque había abandonado su deseo de vivir por culpa de una pequeña historia de celos. Después se rió de una tontería tan grande y añadió que esa tontería ya la había cometido en reencarnaciones anteriores. Decía: "Sé exactamente que tendré que volver y sufrir hasta que deje de cometer esta imbecilidad".

En el olvido, en el que caemos por golpes del destino y por nuestros desvíos, ya no sabemos nada más del plan original y de la misión original con la que vinimos a la Tierra, entonces buscamos quizá ayuda en los médicos, los terapeutas o los curas; la mayoría de las veces no llegamos por ese camino a ninguna solución real. La consecuencia es que volvemos una y otra vez a la Tierra con el mismo tema hasta que somos capaces de no olvidarlo más, sino de reconocerlo y de solucionarlo. Este es un proceso kármico, casi una ley espiritual que ciertos temas irresueltos, sobre todo temas de amor, de poder y de la vanidad, temas del ámbito agresor-víctima, temas de un miedo obstinado o de un deseo sexual insaciable etc. nos invaden una y otra vez con casi idéntica forma hasta que salimos del olvido, reconocemos el plan y resolvemos el tema. Puede ser que los amantes que se hirieron en una vida anterior lo vuelvan a intentar ahora en nuevos roles encontrándose por ejemplo en roles sexuales contrarios o como miembros de la familia. Una hija se reencarna en un padre al que antes quiso con pasión pero que después traicionó; los hijos en madres que antes fueron su amante. Una mujer y un hombre sienten una fuerte atracción sexual el uno por el otro con el deseo de tener un hijo común. El análisis kármico muestra que ella estaba en el tiempo de la reconquista española del lado cristiano y él del lado musulmán y que la asesinó a pesar de su mutuo amor. Hay muchos conflictos paternos filiales en los que ambos lados no saben que están unidos por una larga historia de amor kármica.

Quiero repetir que esos temas recurrentes en nuestra historia vital kármica no son algo privado. Están unidos estrechamente con la historia real humana que recorrimos en nuestras reencarnaciones en la Tierra. A menudo están unidas a emociones tan fuertes que olvidamos sencillamente nuestra existencia cósmica porque estamos identificados completamente con los acontecimientos momentáneos. Entonces ya no preguntamos por una existencia elevada, sino por amor o por venganza o por el alivio de nuestro dolor. Definitivamente necesitamos una forma de vida, que nos capacite, para retirarnos cada vez con mayor soberanía de esas emociones y para conservar la conciencia aún en las circunstancias más difíciles, como el luchador de la resistencia francés Jacques Lusseyran. La adquisición de esta capacidad es para muchas almas con un desarrollo superior uno de los primeros objetivos de su existencia actual sobre la Tierra. Para nosotros es importante ir paso a paso, escalón por escalón y terreno a terreno en la construcción de la vida universal aquí sobre la Tierra. Algunos han empezado por eso a cambiar su alimentación, a dejar sus hábitos de fumar y de beber, de consumo de drogas, de limpiar sus cuerpos y de entrenar sus capacidades de percepción mediales. Necesitamos entre otras cosas cuerpos limpios, desintoxicados, permeables, para despertar los recuerdos cósmicos y dejar subir en nosotros los mensajes de la Matriz Sagrada.

A la evolución humana se le ha mostrado una dirección, que no podemos dejar de seguir, por muy grande que sea a veces nuestro descreimiento y nuestra desesperación sobre los estados terrenales. Tenemos que hacer de la Tierra un paraíso, un paraíso espiritual y sensual. Las religiones antiguas estaban conectadas con una huida del mundo. La sanación no se tenía que buscar en la Tierra sino en el cielo. La nueva religión es por el contrario la religión de la vida. Ya no nos conduce fuera, al más allá, sino al centro sensual del mas acá. La Tierra y el ser humano están unidos cósmicamente. Es una gran aventura, lo que ocurre aquí desde hace eones y el que hoy nos estemos volviendo lentamente conscientes de la misma. Es la aventura de convertir nuestro planeta en el paraíso. Cuando nosotros los seres humanos, hayamos empezado a descubrir como criaturas cósmicas conscientes nuestro planeta y a habitarlo, ya no necesitaremos ningún nirvana, ni renunciar a nada, ni el consuelo en el más allá. El más allá está aquí, entre las brillantes gotas de rocío de la mañana. Construiremos otra forma de amar y otra cultura cuando consigamos romper el antiguo encantamiento del olvido y traer aquí a la Tierra el espíritu de la vida eterna.

Mi hija Vera se desmayó a la edad de cuatro años cuando una grupo alrededor de ella estaba cantando una antigua canción de amor alemán y llegó a la parte que dice: "Esto ha hecho tu belleza, me ha impulsado a amar con gran deseo". Le afectó un recuerdo y un anhelo tal que su cuerpo no podía seguir conteniendo su espíritu. Es el mismo recuerdo que los románticos alemanes veían en la imagen de la flor azul, el recuerdo de Werther y Lotte, de Hölderlin y Diotima, Novalis y Sophie. Todos nosotros conocemos el recuerdo, todos hemos hecho mucho para reprimirlo. Pero no podemos reprimirlo nunca del todo porque contiene una promesa real que espera ser cumplida. Incluso el mal Padre de la Iglesia, San Agustín, describe en sus "Meditaciones" ese anhelo recurrente que no existiría si su meta no fuera real. Todas las experiencias religiosas verdaderas y todas las experiencias eróticas profundas son el cumplimiento de esa promesa. Es tan nueva y tan grandiosa que la alegría apenas puede expresarse y sin embargo creemos muy profundamente, que ya la conocemos. Ante esa sensación estamos desconcertados: ¡Ah así es eso, así es eso realmente! ¡Existe realmente! Es eso lo que todos esperamos. Eso es la canción de Eichendorff, lo que duerme en todas las cosas y sueña. ¡Este es el país de Mignon, el país en el que florecen los limones! Cuando lo divino aparece en este lado del universo en toda su plenitud sabemos porqué nuestra patria cósmica está aquí en la Tierra. Hemos llegado. De esta manera espera nuestro planeta nuestra llegada cósmica a la Tierra.

Mientras vivamos en la Tierra con un cuerpo físico, estamos más o menos identificados con nuestro cuerpo, con nuestro aspecto, con nuestra edad. Sin embargo ¿quién es mayor un recién nacido o un anciano viejo? Por el momento seguramente el viejo. ¿Y cuando éste se vuelva a reencarnar dentro de treinta años sobre la Tierra como el hijo del bebé actual? Entonces evidentemente el bebé actual es treinta años mayor. En el espacio cósmico no hay edad como en la Tierra. No tenemos edad como seres cósmicos. Por ello es sensato aprender aquí en la Tierra a no identificarse con la edad que se tiene en el momento. Esta es una apariencia pasajera. El que hoy es joven será en algún momento viejo y el que hoy es viejo será de nuevo joven. Sentimos el espacio de libertad que hay en este conocimiento. Lo mismo vale para el cuerpo físico, sólo lo tenemos en la Tierra. Pero seguimos existiendo sin él de una forma igualmente real, igualmente consciente, igualmente individual. Las experiencias que tuvimos en el espacio cósmico no encarnado, son igual de concretas, igual de precisas como las de la Tierra. Sé lo escépticos que podemos ser mientras no hayamos vivido de alguna manera esas cosas nosotros mismos. Por ello recomiendo el libro de Raymond Moody "Leben nach dem Tod" [Vida después de la Muerte] en el que se describen las experiencias reales de personas que estaban clínicamente muertas y que han vuelto a la vida. Especialmente emocionante es el libro "Rückkehr vom Morgen" [Regreso del mañana] de George Ritchie & Elisabeth Sherill, en el que la migración de un alma sin cuerpo se describe de una manera tan emocionante y auténtica que incluso el lector escéptico tiene el sentimiento de conocer ya ese estado. Visto desde el "más allá" nuestras experiencias en la Tierra aparecen como un sueño lejano e irreal que pronto se apaga en el olvido. Y a la inversa: "Desde este lado" aparecen las experiencias en el espacio cósmico, no encarnado como fantasía irreal. Toda nuestra existencia conjunta sufre por esa separación entre ambos espacios de la existencia -el terrenal y el cósmico, el físico y el no físico-. Esa separación es un motivo para las muchas ideologías inútiles, que las personas tienen que desarrollar en la Tierra, mientras no puedan reconocer el continuo de ambos mundos. La comunicación entre ambos mundos, el diálogo vivo y la cooperación duradera de almas encarnadas y no encarnadas, de lo "vivo" y lo "muerto" nos parece hoy en día uno de las condiciones más importantes para la creación de un planeta sano. Por ello haremos todo lo que podamos para volver a reproducirlo y para prepararnos ya en nuestra vida terrenal. Si se mueren amigos antes que nosotros, permaneceremos en contacto con ellos. Nos pueden ayudar, porque ven el otro espacio. Cuando nosotros mismos muramos, también querremos permanecer en contacto y hacer todo lo posible desde el espacio cósmico para la continuación del trabajo por la paz sobre la Tierra. Los grupos que se han unido aquí sobre la Tierra para el trabajo por la paz también se volverán a encontrar en el "más allá". Jamás nos separamos para siempre.

La existencia universal

La conciencia universal está presente en todas partes.
Se ve tan poco como las ondas radiofónicas.
Conecta tu conciencia con la frecuencia universal
y saborea la atención disponible.

Dieter Duhm

Todas las criaturas salvajes tienen en sus condiciones de vida
naturales una especie de felicidad,
pues son verdaderas formas de expresión
del gran desconocido que llamamos,
a falta de palabras mejores, la conciencia infinita.

Prentice Mulford

De nuestras exposiciones anteriores se deduce una nueva forma de nuestra existencia en la Tierra. Ya no vivimos de manera privada, sino como órganos del universo que siempre está con nosotros y en nosotros. Abandonamos la gran separación y entramos en la unión con todas las cosas. Hago una exposición resumida de esa forma de existencia universal.

No tenían miedo de los animales. Los animales eran sagrados para ellos. Conocían la energía curadora de la serpiente y sabían que era la protectora de la sabiduría sexual. Comprendían el canto de las ranas y de otros animales y sabían que todos sus mensajes provenían de la diosa misma. Como aprendieron a conectarse con el ser interior de los animales, de parte de los animales no les amenazaba ningún peligro. Peligrosos resultarían los animales para las personas cuando el miedo viniera a la Tierra y con él se produjera una separación en la unidad de la creación.

Hablo de las personas que hace aproximadamente 7000 años levantaron el círculo de piedra cerca de Évora en Portugal. Vivían en el estado universal. Su sistema social altamente diferenciado, documentado a través de la distribución y la talla de las piedras, era para ellos como un orden eterno de la comunidad humana y su convivencia con los seres de la creación. Veían con razón en el estado de vida universal una forma por encima del tiempo que no está unida a ninguna época cultural. Es aquella parte de la información global cósmica que podemos ver como "entelequia de la comunidad y sociedad humana". De tales elementos, como los que son representados simbólicamente aquí en el círculo de piedra está construida la vida en una comunidad universal. De tales comunidades consiste la comunidad humana universal sobre la Tierra. Esto era utopía concreta en una forma consciente y vivida, realizada en una alta civilización arcaica de la que hoy hemos aprendido casi todo. Sólo podía ser destruida con una separación fundamental en la unidad de la creación. Esa separación ocurrió en el tiempo de las revoluciones patriarcales durante las que se alzó el poder masculino contra las fuentes femeninas de la civilización antecedente (ver capítulo 3, Tomo I). Con el incipiente dominio masculino se desintegró la unión entre el ser humano y las otras criaturas, entre ser humano y ser humano, entre el ser humano y la naturaleza, entre el ser humano y la diosa. Con ello se desmoronó la base de la comunidad humana sin violencia.

La existencia universal es una existencia en unión con todas las cosas. La fuerza que tenían aquellas personas cuando erigieron los grandes círculos de piedra venía de esa unión. Su saber astronómico, su capacidad de alimentarse de plantas salvajes sin envenenarse, su falta de miedo ante los animales, su capacidad sanadora procedía de su unión universal. Esa unión también existía con los aborígenes en Australia o con los Tsalagis, los antepasados de los indios cherokee que vivían hace 10.000 años en los Andes. La unión universal era evidentemente una característica global de la vida humana en la Tierra antes del tiempo de la separación. Sin unión universal no lograremos ninguna curación. Estamos en la actualidad ante la tarea de una nueva unión fundamental.

Sabine Lichtenfels, la autora del libro "Traumsteine" [Piedras soñadoras], pone voz a la diosa Nammu, que en otro tiempo estaba conectada con todo lo vivo, y que hoy a pesar de la separación, todavía nos habla con las siguientes frases:

vuestro dilema en el tiempo que vivís, consiste en que apenas conocéis el proceso universal, por ello tomáis las cosas demasiado personalmente. Se ha formado una comprensión completamente falsa del Yo personal. Contribuís con ello una y otra vez a que se renueve la desgracia. El amor no se puede experimentar sólo en el plano personal. Todos y cada uno de los seres humanos tiene que fracasar en este intento pues el amor es de por sí un proceso universal. Por ello sólo las tribus creadas con orientación universal tienen una posibilidad de sobrevivir. Las formas sociales que se han separado de la estructura universal de las personas, se hundirán más tarde o más temprano pues se han separado de la fuente universal de la supervivencia y del amor.

Aquí se ha dicho algo sobre el concepto del "yo individual" que está habitualmente en la base de nuestra idea de "individuo libre". La libertad individual que tenemos hoy, es sobre todo la libertad de no hacer las cosas que nos gustaría hacer, si tuviéramos la fuerza, la belleza y el valor para ello. Es una palabra cariñosa para la costumbre de seguir la rutina antigua en vez de intentar una nueva. Es una palabra de camuflaje para la jaula del aislamiento en el que estamos desde la separación. El yo individual, como se entiende hoy en día, es el ego. El ego es una forma muy aislada de nuestra existencia y por ello produce mucho miedo. La transición del humano-ego al humano universal es el tránsito de la versión de la vida pequeña a la grande. Este cambio es la condición de cualquier sanación. También para la curación de nuestros miedos en el ámbito del amor y de la sexualidad. ¿Cómo se puede curar el problema de la potencia con fuerzas del ego? La sexualidad es, como el amor, un proceso universal y exige el cambio del punto de montaje interno. "No con la propia fuerza", sino con la fuerza que nos viene cuando estamos conectados. Esta es la fuerza del amor (universal), nosotros necesitamos entonces ocuparnos menos del amor-extra. Incluso allí, donde dos enamorados experimentan juntos la felicidad más hermosa y se juran fidelidad en su exceso de celo, participan del proceso universal que en ese momento ha dado con ellos y los ha unido. Si son listos, lo saben y tienen cuidado en no unirse demasiado estrechamente. Pues no se debe encerrar ningún proceso universal en una jaula privada. La relación personal que desarrollan dos enamorados sólo puede tener duración y solidez si se encuentran como dos seres universales. Sólo entonces empieza el desarrollo superior del eros, en el que el amor más personal entre dos seres humanos ya no necesita los celos. El amor que está unido a los celos, está basado en una equivocación (véase a este respecto explicaciones más minuciosas en mi libro "Der unerlöste Eros" [El eros irresuelto].

La existencia universal es la satisfacción de la vida erótica, libera nuestros cuerpos. Las acciones universales son casi siempre significativamente eróticas porque el mundo de la existencia universal es una aventura amorosa. Sentimos como bellas las acciones que vienen de la identidad con la unión universal. Por ello nos gustan tanto los movimientos de los perros y los gatos y por ello miramos con tanta fascinación como se revuelcan los cerdos en el barro. Al bailar sentimos si llevamos a cabo un baile del ego para las miradas de los otros o si bailamos desde la unión universal con la música, con la luz, con los colores o la corriente del universo. Vale la pena bailar libremente y olvidar todas las recetas de la escuela de baile pues el baile libre es una posibilidad para un espacio corto de tiempo de sentir la existencia universal. Quizá se debería incluir el baile en el programa de aprendizaje de los futuros monasterios.

Vivimos en efecto en un movimiento histórico de individuación, donde del colectivo se forma el individuo, y es tarea de las próximas comunidades, el ver y apoyar ese proceso ya desde la infancia. Pero el verdadero individuo tiene siempre una estructura universal, porque siempre permanece unido con el universo, del que se surgió. La verdadera libertad consiste justo en esa unión universal, porque sólo en ella tenemos la fuerza y la falta de miedo, que necesitamos para ser libres. La unión universal **es** libertad; todos los seres que viven en esa unión son seres libres. El mirlo, que canta desde esa unión, es un animal libre. No hay ninguna razón para creer que el proceso de la individuación estuviera en contradicción con esa unión primigenia. Al contrario: cuando ocurre la verdadera individuación, el ser humano como ser individual se vuelve consciente de esa unión; la usa, para desarrollar sus muy especiales fuerzas y capacidades y con ellas servir a la totalidad. Él toca su muy especial melodía en la gran partitura, y la capacidad, de encontrar el tono correcto, la obtiene de su unión con el todo. Su yo y el yo mundial están en resonancia, como también están en resonancia con el yo comunitario de la comunidad.

La estructura universal de las personas se expresa en la estructura universal de la comunidad, que desarrolla sus actividades y sus formas de organización desde la unión. El desarrollo de tales comunidades universales se ha convertido en una cuestión de supervivencia de la humanidad. La comunidad universal es la base de los futuros Biotopos de Curación, es también la base de la futura población mundial.

Sólo existe un Ser

El sentimiento más elevado es la experiencia de la unidad
con todo lo que es.
Esta es la gran vuelta a la verdad que anhela el alma.
Este es el sentimiento de amor perfecto.

Neale D. Walsch (en "Conversaciones con Dios")

También en este capítulo resumo lo que está en la base de todo el libro: la doctrina del Ser **único** y de la conciencia **única** en la que todas las cosas del universo están unidas. Sólo existe **un** Ser. Esta frase de la revelación mística forma parte de aquellas experiencias espirituales que son capaces de liberarnos de cualquier miedo y de curar completamente nuestro interior. Procede de la biblioteca cósmica y tiene su sitio en el campamento base del conocimiento de curación humano. Todas las cosas, todos los elementos, todos los seres están unidos en un gran Ser. En la meditación nos aparece esa unión como luz pura. Aquí experimentamos el "ser puro" que ha descrito Osho tan impresionantemente. La fuerza curativa procede de la unión con todo lo vivo, las fuerzas destructivas vienen de la separación. En la unión sin reserva de una hermandad cósmica le hablaba San Francisco de Asís a los pájaros, a todas las criaturas, incluso a los leprosos de la gran peste. Por ello los podía abrazar sin contagiarse. La frase contiene la experiencia base de toda mística verdadera, de toda cosmología verdadera, y de toda comunicación verdadera entre las criaturas de la creación. Sólo hay **un** Ser y **una** conciencia que atraviesa todas las criaturas y que interiormente las une con un gran cuerpo vivo que llamamos "biosfera". Esa biosfera no sólo contiene las plantas, los animales y los ríos de la Tierra, sino que también contiene todo nuestro sistema solar, las galaxias y todo el universo. Porque todo el universo vive. Son el mismo Ser y la misma consciencia, los que recorren una molécula o una galaxia, un gusano o una persona. Esta es la razón por la que queremos entrar en contacto con todos los seres, por la que los podemos amar, por la que los podemos curar. Todos reaccionan de la misma manera interiormente y están unidos en el mismo sueño de la existencia. Joseph von Eichendorff, el poeta imperturbable y soñador del Romanticismo lo ha vestido en bellos versos:

duerme una canción en todas las cosas, sueña en ellas continuamente. El
mundo entero alzará su voz cantando si hallas la palabra mágica.

Donde los seres humanos entraron en contacto con el Ser único, surgieron las grandes figuras de la verdadera historia de la religión. Pues en ese contacto hay un roce de Dios que puede cambiar para siempre la vida. El conocimiento del Ser único forma parte de la base de vida de altas culturas arcaicas y forma parte actualmente de la base de fuerza de la nueva época que comienza. Era la base de los grandes sermones de Meister Eckhart de hace 700 años y actualmente se desarrolla como una tesis esencial de las ciencias modernas en el ámbito de la holografía y de la investigación del caos. Presocráticos griegos como Pitágoras y Empédocles conocieron al Ser único y lo hicieron la base de su sistema de enseñanza. Pitágoras y Plutarco, el último sacerdote del oráculo de Delfos extrajeron del mismo una prohibición absoluta de matar a los animales pues todos nosotros estamos unidos en gran hermandad cósmica. Lo mismo es válido para los cátaros. Su estilo de vida vegetariano provenía de un conocimiento profundo de la unión con todos los animales.

En la unión del Ser es todo una imagen de todo, en todas las criaturas se encuentra el todo y el ser humano se convierte en una condensación holográfica de todo el universo. También esto, el que el ser humano sea una imagen del universo divino era natural para la mente humana mientras estaba unida con el Ser. La frase de la historia de la creación bíblica "Dios creó a los seres humanos a su imagen y semejanza, a imagen de Dios los creó" forma parte del sentimiento de unidad original de la humanidad superior. Somos en verdad, en nuestra estructura cerebral y en nuestro sistema nervioso, en nuestros circuitos de energía y en la inmensa coordinación de nuestras células y órganos, un universo condensado y podemos por ello en cierto modo leer en nosotros mismos cómo funciona el universo. Hildegard von Bingen, la gran monja benedictina alemana, mística y sanadora, encontró para ello las siguientes palabras:

Dios ha formado la figura del ser humano tomando como ejemplo la construcción del entramado universal, del cosmos entero, del mismo modo que un artista tiene sus moldes con los que hace sus recipientes. Y como Dios ha medido el instrumento inmenso del cosmos según medidas equilibradas, así ha calculado al ser humano en su figura pequeña y corta.

(En esta cita vemos como en la consciencia de los medievales aún se separa entre el creador del universo y su obra. En la vista más desarrollada de Ser único que se anuncia ya con Meister Eckehart se suprime esta separación.)

Todos los seres son aspectos del Ser **único** y de la conciencia **única**. Por ello forman todos juntos una unidad orgánica y sana. Todos los seres, que me encuentran, son aspectos del todo al que yo mismo pertenezco. Por ello solo puedo decir: son aspectos de mi propio ser. También están ahí donde se me aparecen con una figura amenazadora. ¿Por qué parecen amenazadores? Porque proyectamos algo oscuro en ellas. Esa oscuridad procede sin embargo de nuestra propia alma. Lo malvado y lo oscuro que (a consecuencia de la historia) llevamos con nosotros mismos, lo proyectamos en ciertas figuras, demonios o animales del mundo exterior, que de esa manera toman un carácter amenazador. Combatiéndolos surge una situación verdaderamente amenazadora. Aquí tenemos uno de los círculos viciosos más importantes de nuestra civilización mal encaminada y nos encontramos ante el imperativo absoluto de romper ese círculo vicioso y de disolverlo. El ser humano ha separado de sí mismo ciertos aspectos oscuros de su propia alma en el transcurso del desarrollo de su civilización y los ha proyectado en otros seres, pudiendo entonces usarlos como imágenes hostiles para sus miedos y agresiones. Ha proyectado durante siglos sus impulsos reprimidos, pensamientos y crueldades en seres de otra raza y religión, en espíritus malignos y en demonios, en animales de todo tipo: animales carnívoros, serpientes, ratas, arañas, pulpos gigantes, tiburones etc. Por eso creía que tenía que seguirlos y destruirlos. Al hacer esto surgió de verdad en ambos lados el mal del que quería protegerse. Con la proyección creó él mismo el peligro contra el que se lanzó en campaña. Este es el cruel círculo vicioso con el que se rompió el lazo del ser **único** y de la conciencia **única**. Ésta es la separación de los seres humanos y de las fuerzas de la naturaleza causada por ellos mismos y que está en la base de su miedo y de su furia. En esa espiral de represión y proyección, de miedo y violencia surgieron las masacres que nos han causado la enfermedad a nosotros y a la Tierra. Pues todos somos órganos de un cuerpo y la violencia que infringimos a las otras criaturas nos es devuelta en forma miedo y enfermedad.

Estos son los contextos, que forman parte hoy en día del aprendizaje básico para el trabajo global por la paz. El homo sapiens, cuando haya comprendido esto, sólo podrá parar la violencia global volviendo a recoger las proyecciones oscuras en sí mismo e integrando y disolviendo las partes oscuras propias. Ya no hay otra manera. Porque sólo hay **un** Ser. Lo oscuro, que me sale al encuentro, no sería oscuro para mí si no lo tuviera también en los estratos más profundos de mi propia alma. Sólo con el drama de la separación se vio forzado el ser humano a enterrar u ocultar profundamente dentro de sí una parte de su alma. De un dolor rabioso inconsciente surgieron los demonios, con los que el ser humano separado comenzó a deformar todo el universo. Superstición y miedo a los demonios siguen aún viviendo profundamente, a pesar de toda la ilustración y la ciencia, en el sótano del alma de la humanidad actual. La separación no fue superada por la ciencia, sino reforzada por ella pues ahora había una separación definitiva entre un mundo subjetivo dentro de mí y un mundo objetivo fuera de mí. Con esa separación ya no podía verse el vínculo común. La curación ya no era posible. El ser humano corría definitivamente en una dirección falsa. Si hoy empezamos de nuevo a retomar elementos religiosos o espirituales en nuestro trabajo de sanación, lo hacemos para unir nuevamente el vínculo roto. Acabaremos definitivamente con la violencia cuando hayamos comprendido definitivamente que de todo lo que huimos o de lo que nos asqueamos y todo lo que juzgamos u odiamos es un aspecto aún no reconocido, un aspecto de nosotros mismos aún no resuelto ni transformado.

Los dos acontecimientos mundiales

Tengo esta rosa en la mano. ¿Quién la ha hecho? No se ha hecho a sí misma. Tampoco había ningún maestro constructor que la hubiera creado desde fuera. ¿Qué o quién la ha hecho entonces? O si no hay tal sujeto: ¿de dónde ha salido? La misma pregunta se puede plantear contemplándonos a nosotros mismos. ¿Quién o qué nos ha hecho? Nosotros no nos hemos hecho a nosotros mismos. ¡Si ni siquiera sabemos cómo funcionamos! Si bostezo, ¿qué o quién maneja la función del bostezo? Cuando respiro, ¿qué o quién maneja mis pulmones? ¿Y qué o quién ha sintonizado los millones de partículas elementales de mi vida de modo que funcione todo el conjunto? Sé que ni yo ni un constructor externo ha producido esas cosas. Tampoco es "Dios" una respuesta, pues queremos averiguar lo que es eso que llamamos "Dios". Para la pregunta sobre el sujeto de las cosas parece que no hay una respuesta comprensible en el sentido del pensamiento tradicional. Las respuestas verdaderas están en otro plano lógico. Cuanto más cerca estamos de su huella más claramente se alza un mundo completamente diferente ante nuestro ojo espiritual. Tiene que haber un suceso mundial que lo produce todo y que no se puede separar de las cosas producidas porque está dentro de las cosas. En mí, en mi latido, en los movimientos peristálticos de mis intestinos, en mis funciones básicas biológicas y espirituales tiene que surtir efecto un suceso universal que me ha producido y que me mantiene diariamente con vida.

No hay ningún creador que esté fuera de la creación como el ingeniero fuera de una máquina o el constructor fuera de su edificio. Este es un descubrimiento espiritual con el que aún actualmente tenemos que luchar porque se opone fundamentalmente a nuestras estructuras de pensamiento habituales. Eran en esto los primeros pensadores modernos, es decir los filósofos presocráticos griegos, los que expresaron, según el significado que le damos ahora, esos pensamientos. La formulación más fuerte la encontramos en Xenofanes (nacido a mitad del siglo VI a. C.): ¡No hay ningún Dios creador sino que Dios es lo que habita en toda la sustancia del universo! En el universo sin fronteras no hay ninguna separación entre sujeto, objeto y predicado como nos prescribiría la lógica de nuestro pensamiento cotidiano. Solo hay una vibración conjunta infinita y una existencia entretejida de campos de energía espiritual que se condensan aquí y allí y que producen figuras del mundo. Esa totalidad es el sujeto que vive en todas las cosas. La totalidad es Dios y Dios es la totalidad y la totalidad no es nadie, ni una cosa, ni una persona, ni un tamaño definible, por lo que en Oriente fue definido como el vacio absoluto del "nirvana". El todo es el todo por eso no puede ser algo individual y no puede ser algo que está fuera del todo. En todas partes, en cada movimiento de mi pupila y en cada línea de mi oreja tiene efecto la totalidad. El más pequeño remolino de agua en mi fregadero tiene la marca del todo. Quizá la haya causado yo mismo con un movimiento de mi mano, pero en primer lugar soy una parte del todo y en segundo lugar sólo he causado el movimiento, no su forma de remolino. La forma de remolino obedece a la matriz de la totalidad. Es un suceso universal, un proceso universal el que causa la circulación de mi sangre. Y es incluso un suceso universal el que produce mis pensamientos cuando son sinceros. Es un universo que piensa a través de mí. Pensar es una de las actividades básicas del universo. (Dicho sea de paso: la lucha general contra el pensamiento que actualmente se reproduce en los medios de comunicación, la cultura, la religión, los movimientos terapéuticos y alternativos, forma parte de las estrategias de dominación secretas del "gran hermano" en la novela de Orwell "1984". Nuestra civilización no padece de demasiado pensamiento sino de demasiado poco.)

El sujeto es la totalidad y la totalidad es la creación que está en ejecución continua. Pero esa totalidad no es ningún autómata con una mecánica holográfica, sino una unidad viva consciente. La totalidad es perfectamente consciente, lo mismo que yo soy perfectamente consciente. La totalidad es un organismo espiritual con un yo cósmico, que también llamamos "alma universal" o "Dios". Por medio de mi propio yo estoy continuamente unido con esta alma universal.

Por medio de estos contextos damos involuntariamente con una nueva conexión espiritual con el resto del mundo. Entramos en el espacio espiritual, en el que el yo individual y el yo universal vuelven a vibrar conjuntamente en una gran partitura. Lo divino y lo humano están conectados en una unidad siempre presente. Lo divino vive sin embargo en todos los seres, y todos los seres se convierten en este sentido en interlocutores naturales nuestros, pues todos están realmente emparentados por medio de la conexión divina. Este es el espacio de la religión venidera (que ya no llamaremos religión, porque es idéntica a la vida). En esa conexión divina, es decir, en esa conexión de las cosas individuales entre sí y con la totalidad, se forma la gran versión de la vida. Aquí transcurre aquel proceso mundial, que confiere a todos los seres su belleza, su naturalidad y su despreocupación, su movimiento y su tranquilidad, su estructura y su fuerza. Aquí dominan las funciones secretas de la creación, que admiramos en las criaturas: fuerza sin fatiga, belleza sin vanidad, concentración sin tensión. Aquí tiene lugar esa creación entera de nuestro mundo, de la que podemos decir: nadie lo hace, y sin embargo está hecho. Aquí tienen efecto las fuerzas producidas por sí mismas, que no tienen que ser forzadas a ninguna acción. Aquí el alma de los seres permanece vacía y libre y satisfecha del todo. Aquí está la religión de los pájaros y de los peces, de los delfines y de los gatos, de los niños y de los adultos recién nacidos.

La totalidad se repite como en una película holográfica en todos sus partes y órganos. Tan individualmente como cada órgano quiera comportarse: es siempre la información universal y la actividad universal del todo, lo que con ella en cierto modo se plasma y continúa. Allí donde se expresa la actividad de la totalidad en la actividad propia de un solo individuo, surge una armonía, un poder interno y una coherencia, que podemos designar en su sentido más profundo como salud. Cuando un organismo individual, que vive en esa unidad es herido o molestado, entran en acción las fuerzas de auto curación dirigidas por el universo, para curar las heridas. Esto es válido para el organismo de toda la Tierra así como para el organismo de cada ser humano en particular, de un animal o de una planta. Ningún individuo, excepto el ser humano, tiene la posibilidad de liberarse de ese circuito curativo. Todos actúan siguiendo su figura interna con un objetivo final (entelequia) a través del cual están unidos a la totalidad y a través del que la totalidad actúa en ellos. La ortiga se desarrollará como una ortiga siguiendo siempre su entelequia y la araña tejerá su telaraña siguiendo siempre el mismo patrón. La concha marina obedecerá siempre a la misma matriz vibratoria y el caracol construirá siempre su casa en espiral siguiendo la misma sinfonía cósmica (armonía universal). Sin embargo no son las arañas o los caracoles los que los construyen, sino que son funciones del universo transformadas en la actividad específica de un caracol o de una araña. La construcción de una telaraña es una actividad propia del universo, expresada por la araña como medio. El movimiento peristáltico de un gusano de lluvia es la actividad propia del universo expresada por el gusano como medio. A esto nos referimos en nuestros seminarios cuando hablamos de las fuerzas inherentes de la vida o fuerzas del Ser [En alemán: Es-Kräfte]. Todas esas actividades propias juntas, que son al mismo tiempo universales e individuales, tienen en el universo el efecto de un proceso conjunto, al que llamamos la "evolución" o la "creación" original. Es el proceso mundial universal, en el que la vida humana también estaba integrada, antes del tiempo de la gran separación.

Junto a ese movimiento mundial universal natural hay un segundo movimiento mundial, que **no** procede de la gran totalidad, que no está unido a la fuente divina, y que ya no se orienta a los movimientos internos y a los objetivos de la creación. Es el movimiento de la civilización de los seres humanos desde hace aproximadamente 7000 años (comienzo de expansión de los llamados pueblos de la cultura kurgan, rompimiento en lo sexual con el antiguo orden tribal, origen del pensamiento de propiedad a consecuencia de la agricultura y de la ganadería, construcción de los mundos divinos masculinos y de los bloques de poder político, etc.). Este segundo movimiento mundial tuvo su origen en un muro de contención cultural, que levantó el hombre contra la corriente mundial universal original. Por la existencia de ese muro han cambiado fundamentalmente el circuito de energía global y el circuito de conciencia de la sociedad humana. El ser humano ya no era una parte del todo, sino una parte separada, que se tomaba a sí misma por el todo. Ocupando el lugar del pensamiento universal, dentro del cual se hallaba conectado con el todo cósmico, se hizo camino poco a poco el pensamiento del ego individualista. El ser superior, en el que hallaba conexión con el todo, se redujo así a la pequeña pero poderosa cápsula de un yo privado. Cito del libro "Quellen der Liebe und des Friedens" [Fuentes de amor y paz], oficios matinales de Sabine Lichtenfels:

el ser humano que quiera excluir el alma universal de su vida, se comportará como una planta que se separe de su fuente. Se da así origen al ego, un pedazo de vida separada que está separada de la fuente y que ahora cree que es la fuente misma. El ego empieza a enloquecer. Durante un tiempo tiene recursos de los que alimentarse. Pero en algún momento se acabarán y ya no encontrará ningún fundamento original del que pueda servirse para siempre. Tomará alimento artificial que lo hinchará. Ningún alimento artificial contiene el maná de la vida eterna. El ser humano, sin embargo, vive y está ahí con vistas a la eternidad. En algún momento, en esta o en la próxima vida, tendrá que volver a la fuente para poder sobrevivir.

Con la fragmentación en los muchos mundos-ego se perdió la conexión con el origen. Millones de egos privados convertían al mundo en un caos y lo conducían al borde de una extinción global. Surgieron técnicas para robar, guerras, sistemas de dominio, de protección, de religión, sistemas morales, jurídicos, monetarios, servicios secretos y estrategias militares con los cuales el estado de la gran separación se cimentaría para siempre. Surgieron colectivos-ego con la disposición absoluta de matar todo tipo de vida que se interpusiera en su camino. Nos encontramos en este punto.

En este camino ya no hay paradas. La llamada crisis de nuestro tiempo, que en verdad conduce a un holocausto global, es la separación de la civilización humana del resto del mundo. La actividad individual de cada uno ya no está conectada con el suceso mundial original. Juntos forman una especie de contra-mundo, que posiblemente pueda tener un fin por medio del colapso que se está perfilando.

La tarea de curación es suficientemente clara. Ambos sucesos mundiales, el universal y el individual, el cósmico y el social tienen que volver a confluir. La cultura y la sociedad humanas tienen que convertirse de nuevo en el verdadero lugar de esa unión. Ambos sucesos universales, el del universo y el de los seres humanos, tienen que volver a ser deglutidos por la única corriente de la gran energía evolutiva y de la única gran consciencia cósmica. Todas nuestras instrucciones, nuestros planes de enseñanza y programas, nuestros planes a favor de la vida, del amor, de la vivienda, del trabajo y de la celebración, de la comunidad, la ecología y la política, nuestras actividades individuales desde la gimnasia matinal hasta la oración de la tarde, desde el trabajo en el huerto hasta la programación de los congresos públicos, tienen que contribuir a unirnos de nuevo con las grandes corrientes mundiales divinas. **Este es el imperativo drástico de nuestro tiempo.** Cuando ambos acontecimientos universales, el humano y el divino, el individual y el universal, vuelvan a confluir podremos por fin retomar el camino grande que ya siguió nuestro género anteriormente y que - con la entrada en la era patriarcal - abandonamos durante varios siglos. Es el camino del "recuerdo prehistórico" y de la "utopía original", el camino de las altas civilizaciones arcaicas, el camino de los círculos de piedra cerca de Évora y de los templos de Malta. No volveremos a los tiempos antiguos, sino que retomaremos el principio de la unidad universal y traeremos a la Tierra el acontecimiento mundial divino para que surja aquí - en cooperación concreta con todas las fuerzas terrenales y cósmicas - el paraíso para el que es tan maravillosamente apropiado nuestro planeta, con sus colores y sus perfumes. Lo haremos reconociendo nuestra función orgánica en el todo, y del todo recibiremos de nuevo el apoyo que recibe cada órgano del organismo al que pertenece. Sin el aprendizaje de la existencia universal no es posible la solución de las tareas humanas, técnicas, ecológicas y espirituales que tenemos ante nosotros.

El yo universal

Realmente somos ese espíritu único,
somos la autoconciencia del Universo.
En el momento en que lo sentimos,
ya no nos puede separar nada de nuestra cabeza divina.

Jasmuheen

Todo se refiere al yo. Todo ser tiene en su equipo un yo. Todos los seres
están conectados entre sí mediante su yo. Pues el yo es la instancia
realmente divina que atraviesa a todos. Esto fue uno de los grandes
descubrimientos de Rudolf Steiner, también de Teilhard de Chardin. Para
comprendernos de nuevo a nosotros mismos y nuestras posibilidades
reales, estaría bien descubrir de nuevo y de comprender este estado de
cosas de la creación. El yo es una dimensión universal. El todo tiene un
Yo como yo. Yo mismo no podría tener ningún yo, si la totalidad no
tuviera uno y si esa totalidad no estuviera en mí. Por medio de nuestro yo
formamos parte del yo global del mundo. El yo es, como dijo Teilhard, el
punto de apoyo interno de Dios en todos los seres.

El yo individual de los seres individuales y el yo mundial: polaridad y
unidad al mismo tiempo. Entre ambos polos tiene lugar el suceso mundial.
Por medio de nuestros yo individuales parecemos diferenciarnos todos
entre nosotros y si cado uno de nuestros yos individuales no está integrado
en el gran todo parece un ego en el que no se ve ya fácilmente el origen
divino. En realidad la existencia de un yo en todos los seres muestra que
todos procedemos de la misma fuente, que todos somos órganos de la
misma vida y que esa gran vida con su núcleo transcendental aparece
a través de cada uno de nosotros. El yo cósmico es el lazo infinito, la
"montaña rusa de Dios" en el que se encuentran todos los yo individuales.
El yo es simultáneamente individual y universal. En el yo está conectado
indisolublemente el carácter personal y transpersonal del mundo. El
yo es el misterio del mundo. Para el yo no hay explicación, pues cada
explicación presupone un yo. Si no hubiera ningún yo en el mundo,
tampoco habría nadie que pudiera aclarar algo. El yo está entretejido en
todas las actividades universales, es inmanente.

¿Podría ser que nuestras dificultades, nuestros miedos y preocupaciones,
nuestros nudos vitales irresueltos y nuestra propensión a la enfermedad
procedieran de una equivocación vivida, que nosotros como todos los
demás, cometemos diariamente y que por ello ya no notamos? ¿Podría
ser que en este sentido haya una enfermedad espiritual-mental colectiva

que esté relacionada con nuestra herencia histórica? ¿Y que tengamos que disolverla para volver a la realidad? La confusión consiste en que decimos "yo" y con ello queremos indicar nuestra persona en donde en realidad lo que tiene efecto es el gran todo. ¿Quién o qué ve en mí, cuando "yo" veo? ¿Quién mira el paisaje cuando "yo" lo miro, quién o qué escucha, ama y piensa en mí, cuando "yo" escucho, amo y pienso? ¿Qué o quién quiere en mí, cuando "yo" quiero y cuando es un querer real y grande? Supongamos, siendo consecuentes, que ese sujeto secreto es algo diferente de mi ego personal. Sentimos inmediatamente un presentimiento, una excitación, un giro claro de la situación. La estrechez que estaba unida hasta ahora con la palabrita "yo" ha desaparecido. Son los conceptos antiguos, pero ahora los sentimos de otro modo, se llenan con una nueva cualidad. Incluso el sufrimiento, si existiera en esta situación, ya no me rompe mi corazón personal. Con toda evidencia, lo que se ha conseguido aquí es nuestra "naturaleza de Buda", nuestra "Shekhina", nuestro yo universal. Es el ser humano divino, Adam Kadmon, el que llegó, el que cumplió, el que puede existir así y es evidentemente la naturaleza básica de todos nosotros, ser así o volvernos así: la Matriz Sagrada.

Salimos de la maleza de nuestro mundo-ego y entramos en un claro. El yo es el centro de la Matriz Sagrada, la puerta que nos conecta con el mundo divino: nuestro canal a la extensión. Aquí uno está quieto y forma una apertura por la que cae la luz. Una luz brilla a través de nosotros en las cosas. Ken Wilber lo ha formulado de modo parecido. Las vemos de nuevo, las vemos con los ojos de Dios. La diferencia entre nosotros y ellos se hace cada vez más pequeña. Las vemos como una parte del cuerpo del que nosotros mismos formamos parte. Cuanto más fuerte sea la apertura que podamos conservar en nosotros, mayor será nuestra comprensión bajo esa luz: ¡Así es como funciona la conciencia cósmica! Así es esa existencia transpersonal de la conexión. Está llena de fuerza, de realidad, de presencia, casi se podría decir que se siente de modo personal. Y es que no existe sin mi persona, sino que está [junto] con mi persona y la alumbra más allá de los límites actuales. Me lleva a la armonía con la Matriz Sagrada. Este es el objetivo de la liberación, de toda liberación, de toda religión, de todo desarrollo, de toda curación. Es la corrección de un camino equivocado histórico. Una vez que hemos llegado aquí ya no hay separación entre religión y ciencia, entre teología y antropología, entre ciencias humanas y de la naturaleza. Sólo existe ese único camino infinito del descubrimiento. Nuestro deseo es vivir aún cien años para tener suficiente tiempo para recorrerlo sin prisas. Pero - esto también surge del mismo proceso de conocimiento - tenemos tiempo porque después de la llamada muerte recorremos el camino en otros espacios. No tenemos ni edad ni final.

Bella es una persona cuando la luz del universo alumbra a través de él. Bellas son las formas universales de la Matriz Sagrada. La ceguera del espíritu empieza allí donde queremos ser algo por nosotros mismos. Pues no son nuestras propias fuerzas las que mueven algo, son las fuerzas del mundo. No es el yo de nuestra propia persona el que decide la dirección más profunda de nuestra voluntad, sino que es el yo del mundo el que surte efecto en nosotros y toma la decisión. Él, el mundo, ha creado ambas cosas, la voluntad y su realización. Feo y confuso se vuelve nuestro plan cuando ya no sabemos esto; es por el contrario limpio y poderoso cuando permanecemos conscientes de ello. ¡No por las propias fuerzas pero completamente desde la fuerza! Esta declaración tiene ahora sentido y sustancia, porque yo y Dios son uno.

Entrada en la vida, entrada en la Matriz Sagrada, reencuentro con la realidad, esto significa: reencuentre con aquella base de la que viene todo lo que somos y lo que tenemos. Reencuentro con la totalidad, de la que procede cada molécula de nuestro cuerpo. La supresión positiva de aquel retorcimiento fatal, en el que ya no vemos lo que somos realmente y tomamos por única realidad lo que realmente no somos. La reconquista espiritual de las fuentes perdidas y del desplazamiento definitivo del punto de montaje interno del ego-yo al yo universal que está conectado con todos los otros yo del mundo.

¿Entramos con esto en el ámbito religioso? Quizá. Pero yo no hablo desde una religión precisa sino desde una contemplación lógica. La lógica de aquel yo más grande que está detrás de todos nuestras cualidades personales ya nos la enseñó Buda en su discurso bajo el laurel. No es un dogma religioso, sino el conocimiento puro de que somos una parte del universo holista y que sin esta conexión con el todo no somos nada. Cada vez que respiramos, cada pulsación, cada átomo de nuestro cuerpo procede del gran taller del universo y esa conexión no es inventada, puesto que surte efecto en cada momento. Incluso las palabras con menos sentido son sonidos que emergen del proceso eterno del mundo, a menudo presionado y deformado por el canal demasiado estrecho de nuestra persona. Somos el órgano animado de un sujeto transpersonal que vive en todos los seres. No es ninguna lamentación moral, sino una ley holista el que nos iremos a pique con el exterminio del resto de las criaturas que habitan nuestro planeta. Y salir del callejón sin salida, en el que nos encontramos, y construir un nuevo mundo no es ningún deseo piadoso sino una decisión definitiva.

Individualidad

La individualidad es una empresa comunitaria.

(Frase de la investigación del caos)

Cada ser tiene dos lados, uno universal y otro individual. Todos los seres son universales, porque son parte del todo. Pero todos los seres están también, como tan agudamente lo definió Teilhard de Chardin, centrados en sí mismos, y con ello son individuales. En esta polaridad sucede la vida. Osho dijo una vez que el individuo es un pipí en el océano y se disuelve allí tras la muerte. Esta es la opinión oriental, no la occidental. Me gustaría demostrar la historia del pipí en el océano con un ensayo de la física: metemos un cilindro de cristal dentro de otro, ambos con distintos diámetros, y ponemos glicerina en el espacio que hay entre ellos. Ponemos una gota de tinta en la glicerina. Ahora giramos el cilindro exterior (o el interior). La gota de tinta se extiende en longitud, se vuelve más débil y desaparece después de un tiempo. ¿Ha desaparecido de verdad? Volvemos a girar el cilindro a la posición original y experimentamos el pequeño milagro: la gota vuelve a aparecer, primero como estrías turbias que al final se condensan en las gotas originales. La gota no había desaparecido realmente, existía aún latente. El físico y filósofo David Bohm diría que: él fue cambiado de un orden explícito a un orden implícito e hizo su reaparición a través de la contrarrotación. El individuo existe también cuando no lo vemos; es una parte del orden implícito del universo. La individualidad forma parte del plan de construcción del universo de la creación. También nosotros los seres humanos seguimos viviendo tras la muerte como individuos, tal como nos muestran los trances de regresión.

Un bonito ejemplo ofrece la formación de los remolinos al fluir del agua. Si hay piedras y ramas en el agua, se forman remolinos tras ellos que van riachuelo abajo sin perder su forma. Poseen una figura propia y parecen ser resistentes frente al resto del mundo. Son inequívocamente "individuos" con su propio tamaño, su propia velocidad de giro, su propia capacidad de supervivencia. Y a pesar de todo son una parte del todo (del riachuelo). Comparten la misma sustancia (agua), proceden del todo y fluye con el todo.

La individualidad se origina por un movimiento de enrollado. Todos los movimientos llevan en sí el movimiento contrario, escribió Heráclito. De esta manera tenemos que ver siempre con dos movimientos en la construcción del mundo: uno de expansión y uno de centrifugación, uno de divergencia y otro de convergencia, uno de explosión y otro de implosión, uno universal y otro individual. También lo individual es naturalmente universal en cierto modo, porque forma parte del principio constructivo del universo. Las acciones individuales están dirigidas en la naturaleza a menudo por una fuerza de organización superior. También aquí podemos usar de nuevo un ejemplo plástico: cien hormigas llevan una galleta dulce a su hormiguero. Todos ellos hacen movimientos individuales en los que no se puede observar nada en común, sin embargo el trozo pesado se va moviendo en la dirección del hormiguero. En sus movimientos individuales caóticos reina evidentemente un principio coordinativo al que se antepone el resto. Es lo mismo con los seres humanos. Por encima de nuestras actividades individuales reina, siempre que no estemos completamente apartados, un principio coordinativo superior, que nos conecta con los objetivos y con la dirección de un movimiento global del mundo. Tomemos el mundo como Holón y los movimientos de los seis mil millones de personas y los trillones de individuos diferentes que tienen lugar en él como una expresión de un movimiento de superholones conectado, en el sentido de una co-evolución conjunta de todas las cosas: entonces nos encontramos en el terreno de las opiniones modernas sobre el carácter holista del mundo. Sobre esta base son válidas las declaraciones de la teoría política (capítulo 4, Tomo II).

Centrándonos hacia dentro puede nacer una individualidad que de por sí dice "no" a los procesos de la creación. Se puede separar del todo un poco y crear sus propias estructuras como ha hecho el ser humano desde la época de la gran separación. La consecuencia, que sacamos en el sentido de un desarrollo posterior sensato, naturalmente no quiere decir, que se disuelva la individualidad, sino que al contrario: significa promover y aumentar la individualidad de las personas tanto que los participantes por su propio pensamiento y por su propia experiencia vuelvan a reconocer su conexión con el todo y sean capaces de corregir su vida de acuerdo a ello. **La tarea de una comunidad operativa del nuevo tipo no es ya la de equilibrar las diferencias individuales, sino la formación acelerada de individualidades más sanas, más fuertes y más autónomas.** Ello sin embargo no puede ocurrir con carácter privado bajo las condiciones de la sociedad existente, porque la presión colectiva en el mundo público es demasiado grande como para permitir el desarrollo de individualidades autónomas. El sustrato de un desarrollo humano sano era desde el principio, y es sigue siendo hoy en día, la comunidad sana. La individualidad no surge por sí misma, es una empresa comunitaria.

Un principio de la creación: La congruencia entre deseo y finalidad

La naturaleza trabaja evidentemente de forma distinta a los seres humanos. En la naturaleza encontramos una cantidad incontable de colores y de formas, de construcciones incomprensibles y de sucesos de precisión fantásticos. Desde los radiolarios microscópicos en las aguas abisales hasta los sucesos en un biotopo alpino funcionan las cosas con una belleza y una precisión que quita el aliento. La naturaleza va por delante de los seres humanos en saltos cuánticos en lo que respecta a precisión, utilidad y funcionalidad. Pero junto a sus edificios no hay ningún maestro constructor sudando. Todo ocurre de forma misteriosa "por sí mismo". Los elevados rendimientos de precisión se producen por medio de métodos completamente imprecisos como palpar, rodear, producir oscilaciones. Todo tiene el aspecto de un gran juego asistemático y caótico; nadie parece esforzarse seriamente o seguir un plan. ¿Cómo es posible? ¿Qué es lo que ocurre? Es un principio central de la existencia universal: la unidad de funcionalidad y la alegría de existir. La inteligencia cósmica lo ha preparado todo para que los seres jueguen mejor con el resto cuando obedezcan a su propio deseo y su humor. (Esto es válido para los seres que han conservado su cualidad universal no para los que se han salido de la misma).

La naturaleza trabaja de modo diferente a las personas. Pero ¿no es el ser humano una parte de la naturaleza? Si la naturaleza trabaja de forma diferente ¿no podría trabajar también el ser humano de manera diferente?

Cuando las personas quieren lograr algo, se esfuerzan por ello. Necesitan para ello cosas diferentes: una finalidad, una voluntad, disciplina y capacidad de aguante. Necesitan sobre todo pensar y actuar racionalmente y dirigidos a conseguir un propósito. Y como creen que tienen que lograr algo en todas partes practican en todas partes un comportamiento racional y orientado a lograr un propósito. Lo llaman "realismo". No niego el significado de estos valores, pero quiero advertir en el nombre de una nueva cultura, que la creación ha previsto también otros métodos de lograr los objetivos. Las plantas y los animales consiguen siempre, cuando no se les molesta, su objetivo, para ello no necesitan ningún gran esfuerzo de voluntad o disciplina. El canto de una alondra surge de una alegría de vivir y sirve al mismo tiempo a su presupuesto energético. Un perro corre a grandes saltos de aquí para allá de alegría y al mismo tiempo es bueno para su salud física. Cuando un perro ha perdido a su amo en un paseo por el bosque disfruta de su libertad, olisquea dando vueltas por el suelo, mea aquí y allá, no se preocupa del camino y está, a pesar de todo, antes que su amo en casa. Encuentra el camino de vuelta también en un territorio desconocido sin tener que buscarlo trabajosamente y sin tener que habérselo aprendido intencionadamente antes. En los animales existe evidentemente una elevada congruencia entre lo que necesitan y lo que les gusta. Logran los objetivos de su vida no por marcarse objetivos y el cumplimiento de los objetivos, sino por su forma elemental de ser, de vivir y de bailar en el gran círculo de las criaturas. No necesitan planes extra para su vida pues su plan está dentro de ellos mismos, como entelequia, como impulso y como curiosidad o ambición, como alegría o arrogancia, como patrón de movimiento corporal o anímico. No calculan, no se inclinan y no se preocupan. "No siembran, no cosechan y sin embargo, vuestro padre celestial los alimenta". Lo mismo es válido, en otro nivel, para las plantas. No hay ningún manzano que no empiece a echar raíces porque su raíz en una profundidad de 50 cm tropiece con una piedra. Es la entelequia interna la que dirige el proceso del crecimiento y lo impulsa y resuelve las dificultades existentes. En esta entelequia surte efecto su unión con la totalidad, con la matriz global de la creación. No hay ningún brote de hierba que se desaliente porque haya una capa de asfalto sobre él, pues no piensa en la dificultad que aparece por su causa. Su entelequia, su plan de crecimiento incorporado, y su delicada energía lo conducen al aquí y ahora superando todas las resistencias hasta que fracasa o atraviesa la capa de asfalto. No hay ninguna oruga que pare de tejer sus hilos para el capullo porque piense que no se convertirá en una verdadera mariposa colorida y voladora. Trabaja en la abundancia de la presencia ilimitada y pasa por transformaciones que no habría podido lograr por sus propias fuerzas y planteamiento de objetivos. El animal hace lo "correcto" por sí mismo pues la funcionalidad produce también deseo y lo que es deseable también es funcional. Esto no es sólo válido para la comida, la bebida y la sexualidad, sino también para otros movimientos y actividades. Los animales siguen el principio general de la **congruencia entre deseo y finalidad**. Es uno de los pensamientos originales más profundos de la creación. Es también válido en realidad para las personas.

Los niños hablan a los tres años casi perfectamente su lengua materna, sin haber estudiado ni una palabra. Raramente se les ha visto con un libro de gramática. Aprenden jugando y se encuentran así en un proceso básico creativo de la creación como los animales. Van balbuceando, cuando escuchan algo y a veces balbucean incorrectamente por pura desbordante alegría, se alegran de lo gracioso que suena y así aprenden correctamente. Las cosas aparentemente más insensatas las llevan a cabo con una seriedad sagrada y sin embargo no toman nada tan serio como los adultos lo hacen. Aún no se encuentran en la fase de la valoración, sino en la de la existencia universal y de la entrega. Entre ellos y sus acciones no existe aún ninguna diferencia. Los animales y los niños, son nuestros gurús naturales que nos van llevando por el camino de la nueva existencia, si no los forzamos a ir por vías equivocadas.

En el caso de los adultos lo importante no es imitar a los animales y los niños, sino comprender, su modo de existir. Cuando hayamos comprendido completamente esa manera de existencia universal, cuando sepamos de nuevo, lo que quiere decir aprender jugando, actuar sin propósito, lograr sin esfuerzo los objetivos, entonces habremos llegado nosotros mismos a nuestra meta. El principio de la congruencia entre deseo y finalidad es un principio básico de la creación, que nos conducirá a un concepto completamente diferente de la cultura humana. Contiene elementos antiquísimos del budismo zen, unidos a elementos auténticos de sensualidad, contacto y alegría de vivir.

En el arte, cantando o bailando, en las artes marciales orientales o en la gimnasia, en el sexo y en el amor empezamos a ser buenos cuando no pensamos más en sentido, finalidad o meta. La flecha del aprendiz de zen da en el blanco, cuando el aprendiz ya no piensa en más metas.

Y sin embargo, cualidades como la voluntad, la finalidad, el planteamiento de objetivos, el esfuerzo etc., son cualidades necesarias de nuestra vida humana, sin la que seríamos apenas capaces de supervivencia. Si no las tuviéramos, no saldríamos del callejón sin salida en el que nos encontramos. No nos podemos tender en el prado sin más y llevar una existencia plena. Faltan los patrones básicos culturales y sociales para esa diversión. Nuestros deseos instintivos y anhelos más elementales se quedaron insatisfechos. La época de los hippies ya ha pasado. Si hoy nos queremos conectar con el misterio de la existencia universal, necesitamos un pensamiento, que nos penetre hasta lo más extremo y no cierre los ojos ni ante las posibilidades más fantásticas. Sólo a través de esa inteligencia y conciencia máxima podremos tomar la decisión, de abandonar el patrón de existencia viejo y de entrar en el nuevo.

La decisión tiene que tomarse. Las nuevas cosas, alrededor de las que gira el futuro plan de colonización de la Tierra, exigen una nueva salud, una nueva fuerza de reconocimiento y una nueva disponibilidad para la acción, que no pueden ser adquiridos con esfuerzo y sudor, con cumplimiento del deber y disciplina externo. Es nuestro "deber" ser feliz, escribió Dhyani Ywahoo. Pero ese deber es uno completamente diferente, del que hemos conocido en la escuela, en la vida profesional, en el servicio militar. También la felicidad es diferente. Es la felicidad que nos proporciona la unión y la seguridad más elevadas. Y justo en esa felicidad, en esa delicia de la existencia se encuentran todas las plantas y todos los animales, todos los niños y - también todos los adultos cuando han elegido su camino interno hacia allí y lo ha encontrado. La humanidad, o al menos una aparte de la humanidad, ha vivido mucho tiempo en esa felicidad. Hasta la época minoica de Creta (siglo II a.C.) existía la celebración del placer de la creación como base de la cultura.

Evidentemente no podemos pasar en seguida de uno a otro estado de existencia. Aún vivimos en la dualidad, aún nos tenemos que plantear conscientemente los objetivos, que en realidad ya están en nosotros como entelequia. Aún tenemos que usar nuestra fuerza de voluntad dirigida a un fin y a un propósito, para poner en marcha el motor de la vida, que durante tanto tiempo ha estado estropeado y alterado. Aún hay muchas situaciones, en las que el deseo y la finalidad se contrarían y en las que nos tenemos que decidir contra el deseo, al menos al de corto plazo. Aún hay una pequeña diferencia entre las cosas, que comemos con gusto y las que deberíamos comer por razones de salud. Pero no nos deberíamos romper la cabeza a causa de ello; ya se ha vuelto a hacer palpable y visible para muchos, el otro plano, en el cual lo que sabe bien es lo sano, mientras que lo necesario y lo deseable coinciden. Cuanto más profundamente entremos en el ámbito espiritual, sin perder nuestra sensualidad, más descubrimos el plano en el que la necesidad y la alegría, el deber y la libertad coinciden. Nos encontramos en un estadio de tránsito histórico, en el que el pasado y el futuro aún irreconciliables se adentran ocasionalmente el uno en el otro. Somos personas en transición. Ahora en esta fase histórica de tránsito, tenemos que aprender cosas muy determinadas que necesitamos para poder ejecutar la transición completamente. Los trabajadores de la transformación experimentados han desarrollado por ello humor y tolerancia frente a recaídas y contradicciones ocasionales, que a veces no se pueden evitar. A veces avanzamos victoriosos de fracaso en fracaso, como dijo Lusseyran. Cada vez se vuelve nuestro cuerpo más sensible, nuestra voluntad más dura, nuestro saber más agudo, la visión más realista. Y bajo cuerda nos damos cuenta de cómo algo diferente, lento pero seguro, ha tomado el mando dentro de nosotros: el ser **único** y la consciencia **única.** Lo sentimos en la aparición de una alegría profunda.

Las energías matriarcales en la nueva formación cultural

Un nuevo poder femenino no está dirigido contra los hombres
y tampoco contra nuestro amor a los hombres.
Sin embargo abandona decididamente aquellas estructuras
que han estado contribuyendo a la aniquilación de la vida
y del amor, a nivel mundial.
Ahora depende de nosotras, las mujeres,
el retomar la responsabilidad política y sexual
que nos ha hecho falta durante tanto tiempo.
Invitamos a todos los hombres comprometidos
a unirse a nuestro trabajo por la paz.

Sabine Lichtenfels

El estilo de vida de las épocas venideras será el resultado de las leyes del modo de vida universal. Está unido a la Matriz Sagrada y a las funciones vitales de la madre Tierra. El prototipo de tal estilo de vida lo hemos descrito con el ejemplo de una alta civilización arcaica (capítulo 3, Tomo I, último párrafo). Tiene rasgos claramente matriarcales. Hoy en día no va a surgir un nuevo matriarcado y tampoco queremos volver a formas de civilización pasadas. Pero hay fuentes matriarcales para la formación humana de una civilización, que cada civilización tiene que volver a encontrar si quiere ir hacia adelante por un camino sensato. Cuando hablamos hoy de sexualidad libre tocamos un principio de vida matriarcal. Había una conexión histórica clara entre la sexualidad libre y el orden matrilineal de la convivencia. La poligamia formaba parte para ambos sexos del la corriente sensual de la vida y por ello era natural. Cuando nacía un bebé, el padre era en su mayor parte desconocido, pero la madre era siempre conocida. De ahí que los niños se quedaran con sus madres. Formaban por vía matrilineal las tribus, los pueblos y las ciudades de la humanidad hasta el neolítico. La base de la estructura social era la genealogía de sus habitantes. El tamaño natural lo daba la disposición clara necesaria de las relaciones de parentesco. Cuando se alcanzaba el límite máximo del tamaño, se iba un grupo río arriba y fundaba una nueva tribu, un nuevo pueblo, una nueva "filial de la ciudad". Así funcionaba el crecimiento orgánico de la sociedad matrilineal. Por encima de las personas no había ningún poder extranjero, ningún estado y ninguna iglesia.

Basándose en ese orden parental había una ética natural de la existencia-para-el-otro. Se compartía lo que se tenía, se ayudaban en tiempos de penuria y de enfermedad, se servía al bienestar de las personas, no del sistema. Una ética verdadera sólo crece de las relaciones humanas verdaderas no de las tablas de mandamientos y de la justicia. Un valor humano central era el sentimiento maternal, la relación de cuidado con todas las criaturas. El sentimiento maternal no iba unido al sexo femenino. En las sociedades orientadas al matriarcado (como por ejemplo las tribus indias de los irokeses), sólo podía convertirse en jefe un hombre que tuviera suficiente sentimiento maternal. ¡Parémonos a contemplar esta imagen! (Y comparémoslas con la imagen de un jefe de sección actual o del jefe de una empresa).

Describo estas cosas simples, porque creo que forman parte de la Matriz Sagrada y por eso también determinarán la vida en las comunidades futuras. Hoy en día ya no construiremos estructuras simples matrilineales cuando fundemos los nuevos Biotopos de Curación. Pero a largo plazo tampoco viviremos sin una estructura. Se formarán grupos con relación de parentesco. La mayor parte de las personas proceden de un clan cósmico o kármico al que aún pertenecen. Cuanto más se reúna una comunidad con sus raíces cósmicas, más efecto surtirán tales relaciones parentales espirituales o cósmicas con la aparición de grandes anillos de amistad y "círculos familiares". De la ética matriarcal primigenia forma parte la alegría de regalar. La madre Tierra está llena de dones contra el hambre y la sed, a favor del amor y la belleza, a favor de las necesidades del cuerpo y del alma. Según el plan de creación de la Matriz Sagrada el ser humano y la Tierra viven en una relación simbiótica: la Tierra nos regala a los humanos lo que necesitamos; nosotros los humanos regalamos a la Tierra lo que necesita. Son dos organismos espirituales, que han sido pensados el uno para el otro. De una economía sana forman parte siempre dos movimientos: el del regalar y el de recoger. Estos son principios de la sagrada matriz que comprenderemos y obedeceremos con alegría cuando nuestra unión natural con el prójimo y con la naturaleza se restablezca. Cuando se nos pregunta hoy por los planes económicos de mañana apenas podemos contestar porque la economía de la conexión será fundamentalmente distinta a la de la separación. La contemplación del mundo matriarcal se diferencia de la del masculino. Cuando por las mañanas suben nubes de vapor del mar cálido al aire frio de la mañana no es sólo un tema físico de diferencias de temperaturas y de energías térmicas, sino que es un proceso vivo animado entre el agua y el aire. Es energía animada la que ejecuta su baile matinal en la figura de formas de vapor orgonal. En todas partes en la naturaleza hay energía animada, no hay ninguna otra. Esa conexión con todo lo que es, es la base del amor universal (matriarcal). Ese amor es una realidad biológica, un estado de ser. Es al mismo tiempo amor sensual y espiritual. Es ese tipo de amor no sentimental, con el que dos seres nuevos se encontrarán unos otros, cuando visiten otra tribu, otro centro, otro Biotopo de Curación. Podemos sentir la libertad y la falta de máscaras de ese encuentro. No hay más razón para la prudencia y el camuflaje. Aquí nos encontramos unos a otros de fuente a fuente.

Seguro que no es una casualidad que se nos asignara Portugal como territorio para la construcción del primer Biotopo de Curación. Aquí en los territorios rurales aún dominan las fuerzas matriarcales del pasado de modo tan visible, que uno se siente seducido a entrar inmediatamente en resonancia con ellos para apoyarlos. El culto alrededor de Nossa Senhora es menos medida un culto de la iglesia católica que un culto a la alegría de vivir pre-cristiana. Fuentes antiguas, grutas y lugares de peregrinaje dan testimonio de una veneración de lo femenino que es probablemente única en Europa. Entonces empezó el viaje de descubrimiento de civilizaciones matriarcales anteriores que ha descrito Sabine Lichtenfels en sus libros. En nuestro terreno en Tamera habitan ranas, serpientes y búhos: símbolos de una presencia especialmente intensiva de la diosa, que una vez alentó todo este país.

En las comunas más grandes de nuestro tiempo hay a menudo más mujeres que hombres. El estilo de vida comunitario era la fuente de la época matriarcal. El ciclo histórico en el que vivimos se inclina de nuevo hacia aquella época. Las fuerzas de cooperación y resonancia, que volvemos a descubrir hoy, son fuerzas originales de la cultura matriarcal. No son específicas de un género, pues la Matriz Sagrada vive de igual manera en ambos sexos; específico de género era sólo la lucha, que en la historia masculina se condujo contra ella. También dominios clásicos del género masculino como el taller, la técnica, el trabajo político o la dirección de seminarios se caracterizará cada vez más por una nueva forma de pensar más suave. Sobre todo las nuevas formas de trabajo político en redes están caracterizadas por los métodos de la fuerza suave. Las contradicciones y los conflictos de naturaleza humana o ideológica no necesitan ser resueltos en seguida si a pesar de ellos se logra crear un nivel en el que se den el humor y la suavidad. Algunas mujeres tiene la capacidad de no tomárselo todo exageradamente en serio; para ellas también el oponente político es antes que nada una persona, aunque se comporte como un déspota o una marioneta, es una persona y por ello no está sujeto a ninguna condena. Es impresionante cómo saben tratar al adversario las mujeres. En casos de emergencia ponen de manifiesto de repente una fuerza matriarcal, frente a la que el hombre ya no puede seguir usando el hacha.

Esa fuerza femenina no es la última que tenemos en cuenta, cuando hoy contamos con un éxito histórico del movimiento por la paz. En el sistema de energías de los nuevos centros y movimientos se realizará un cambio en el reparto de los antiguos roles. Las mujeres también se mostrarán más activas que hasta ahora en la elección de sus amantes. La condición para ello es una nueva solidaridad con fundamentos más sólidos entre las mujeres, que no se acabe tampoco aunque dos mujeres amen al mismo hombre. Los hombres se conectarán con las fuerzas femeninas sin perder sus fuerzas masculinas. En ello se redescubrirán a sí mismos. Seguirán desarrollando sus cualidades espirituales, físicas y sexuales como hombres para el servicio a la vida y el servicio a la mujer. Es realmente un servicio al amor de un nuevo estilo. Los hombres, que hayan empezado, a dejar de idealizar a las mujeres y en vez de eso a amarlas real y físicamente, las apoyarán con todas sus fuerzas y les servirán como estaciones de repostaje.

Por la preponderancia cuantitativa de mujeres se origina de acuerdo a la naturaleza un cierto déficit de hombres. Ello no es fácil para las mujeres, que están en el proceso de liberar la energía sexual, que durante tanto tiempo tuvo que guardar bajo llave. Las mujeres dirigentes de los nuevos centros no responderán a ese déficit otra vez con indigencia y subordinación al hombre, sino trabajando activamente en la transformación de los hombres y ocupándose de que pueda surgir una nueva masculinidad. Para ello hemos creado la institución "escuela del amor", en la que los hombres reciben clases de amor de las mujeres. La inseguridad masculina o la dominancia se transforma a menudo en un anhelo casi infantil del hombre adulto por una mujer protectora, superior y matriarcal. Se deduce de ello que el niño varón tiene que recuperar algo que ha echado de menos siempre con sus madres: el amor absoluto a la madre primigenia. Con ello las antiguas relaciones entre los roles giraron en casos puntuales casi completamente. Las mujeres aprenderán, a respetar esta situación durante un tiempo y a trabajar con sus capacidades femeninas en que los hombres-hijos se transformen en compañeros verdaderos. Para ello tendrían que dar un paso muy importante: abandonar su antigua necesidad del hombre; no se fijarán más a un hombre, ni se aferrarán a él cuando lo tengan. Y ya no lucharán entre ellas por un hombre. Las comunidades del futuro sólo pueden funcionar cuando exista tal campo femenino fuerte y solidario. Este es un postulado irrefutable de la nueva civilización. Las nuevas mujeres serán una compañera para el hombre, aunque estén enamoradas y le dirán la verdad. Todos los hombres de verdad necesitan mujeres que les digan la verdad (y al revés) Cuando las mujeres de las nuevas comunidades hayan aprendido a actuar en este sentido y a no ceder su soberanía a los hombres en el primer enamoramiento, entonces surgirá el gran giro: vendrán muchos hombres. Ya no habrá carencia de hombres, cuando los nuevos modelos hayan sido clarificados. Con ello un caleidoscopio más profundo dará una vuelta y todos los participantes serán felices al ver el nuevo diseño. Entre el hombre y la mujer surge un nuevo mundo.

Sabine Lichtenfels redactó 24 tesis para un nuevo movimiento feminista. También escribió el libro "Weiche Macht- Perspektiven für eine neue Frauenbewegung und eine neue Liebe zu den Männern" [Poder suave-Perspectivas para un nuevo movimiento feminista y un nuevo amor a los hombres]. Por el momento, mientras escribo este capítulo tienen lugar a mi alrededor algunos acontecimientos que podrían conducir a la realización de estos pensamientos. El congreso de mujeres en ZEGG (Centro para la Creación Experimental de la Sociedad) cerca de Belzig (Berlin), el primer número de la revista para mujeres "La Voz femenina" de Leila Dregger y Christine Meissner, la Universidad de verano en Tamera dirigida por Sabine Lichtenfels, los oficios matutinos diarios de mujeres con la oración de hoy de Monika Alleweldt. Habló en compañía de un tambor silencioso de varios tonos. Dijo las siguientes palabras:
todo es un Ser.
Soy parte de ese gran Ser.
Estoy unida a las piedras y las rocas,
al agua, a las plantas, a los animales y a todos los humanos.
Estoy unida al tiempo
y a las galaxias más lejanas.
Todo es un Ser.
Como ser humano soy una parte de la conciencia del universo.
A través de mi se comprende y
a través de mí se puede cambiar.
No me pertenezco.
Pongo mi vida al servicio de todos aquellos,
que necesitan mi ayuda y participación.
Estoy al servicio de los pueblos oprimidos.
Estoy al servicio de los niños hambrientos.

Estoy al servicio de los animales torturados.
Debo y quiero contribuir con mis pensamientos y mis acciones
a que brote paz en la Tierra.
No es la guerra, sino la paz la que me exige que ponga en juego toda mi
vida.
Agradezco la abundancia en la que vivimos.
Agradezco el agua clara.
Agradezco la comunidad y la ayuda de todos los que participan
en la construcción de un anillo de paz alrededor de nuestra Tierra.

Capítulo 2

Cooperación con la naturaleza

¿A qué nos referimos?

De nuevo una reflexión corta: toda la vida forma un todo interconectado, un continuo. Lo que le hacemos a otros seres, nos es devuelto de alguna manera. No podemos destruir un órgano del cuerpo vital sin que todo el organismo se vea dañado. La violencia que infligimos a otros seres nos es devuelta como violencia, como miedo, como debilidad o enfermedad. La civilización actual se encuentra en contradicción básica. Mantiene una guerra contra los llamados parásitos para producir verdura sana. Tortura a animales de laboratorio para proteger la salud de los seres humanos. Con el trabajo cotidiano en un solo laboratorio de animales se produce en el cuerpo vital de la biosfera más enfermedades de las que se puede curar con todos los conocimientos que se han obtenido en ese laboratorio. Porque las crueldades cometidas en el laboratorio de experimentación animal dañan el cuerpo orgánico en su totalidad. Para la curación del ser humano y de la Tierra estamos obligados desde la perspectiva científica (holista) y ética, a buscar nuevos caminos. La Matriz Sagrada tiene puesto su empeño en la cooperación.

La masa global de hormigas sobre la Tierra es más grande que la masa global de seres humanos según las estimaciones de las investigaciones actuales sobre hormigas ¿Podemos cooperar con las hormigas? ¿Podríamos hacerlas nuestras aliadas a favor del trabajo por la paz?

La Tierra está atravesada por venas de agua. ¿Podemos cooperar con el agua? ¿Podemos cooperar con los habitantes del agua? ¿Podríamos hacerla nuestra aliada a favor del trabajo por la paz?

Los mares cubren el 70 por ciento de la superficie terrenal. Albergan una fauna inagotable. ¿Podemos cooperar con los habitantes del mar? ¿Podemos hacerlos nuestros aliados a favor del trabajo por la paz?

El mundo material, incluida nuestra atmosfera con sus sucesos meteorológicos, está inundado de energías vitales. ¿Podemos cooperar con ellas? ¿Podemos hacerlas aliadas a favor del trabajo por la paz?

Las plantas y los árboles de la Tierra son seres animados. ¿Podemos cooperar con ellos? ¿Podemos hacerlos aliados a favor del trabajo por la paz?

Esto es a lo que me refiero cuando hablo de "cooperación con la naturaleza". Lo importante es lograr que toda la naturaleza se convierta en aliada a favor del trabajo de sanación global. Puede sonar como ciencia ficción, pero no es ciencia ficción. Es el plan de construcción de la creación. Todas las criaturas de la Tierra son órganos de un solo cuerpo y espíritus de un solo espíritu. La biosfera es un Holón, un organismo unitario, animado, en el que toda la vida está orientada a la cooperación y la simbiosis, como los órganos y las células de nuestro cuerpo. Todas las células y órganos de nuestro cuerpo cooperan conjuntamente. Si no seguimos introduciendo en ese cuerpo información sobre violencia y engaño, sino información de paz y cooperación, todos los seres, que son un aspecto de la diosa, se adaptarán a ello con alegría. Todos los seres desde los grandes mamíferos hasta los microbios y bacterias son, como nosotros mismos, una condensación de la energía cósmica y planetaria animada, en todos está accesible la información de la Matriz Sagrada. Si nosotros giramos hacia la naturaleza, la naturaleza gira hacia nosotros. Aún otro giro más y seremos testigos de un presente divino viviente y casi personal, que nos rodea permanentemente en las criaturas de la naturaleza. Bajo la impresión de esa presencia la cooperación no sólo es posible, sino también natural. Todos los seres de la naturaleza lo esperan.

El austríaco Sepp Holzer construyó junto a su mujer en el Lungau austríaco la granja Krameter. Allí surgió, en una altura de 1200 a 1500 metros de altura la permacultura más grande en función de Europa. El que quiera saber cómo colabora la naturaleza con los seres humanos cuando hacen lo correcto, encuentra aquí su enseñanza ilustrativa completa. En una alegría vital casi desbordante celebra aquí la naturaleza - rodeada de un gigantesco monocultivo de píceas - la fiesta de su multiplicidad. Su flora y su fauna se unen con estanques, piedras, troncos podridos en un jardín paradisíaco de una abundancia única. Allí crecen limoneros donde antes había píceas. La naturaleza muestra como sus seres se sostienen mutuamente y se apoyan cuando los seres humanos cooperan con ella. En la granja Krameter se trabaja sin pesticidas y sin abonos. La cosecha es grande. La productividad de esas 45 ha de tierra de montaña sobrepasa todo lo que se hubiera creído posible. (De paso sea dicho que Holzer ha sido denunciado con mucha frecuencia por profanación del bosque y por atentar contra las leyes de las instituciones forestales. Su proyecto lleva ya 35 años; cuando empezó nadie había oído nada de "permacultura". El proyecto apenas se mencionó en periódicos ecologista o en seminarios sobre permacultura. Es evidentemente el destino de todas las grandes innovaciones.) Sepp Holzer está desde 2007 regularmente en Tamera. Él asesora el equipo de ecología, da clases de agricultura natural y él impulsó la construcción de grandes paisajes de retención de agua en Tamera.

Cooperación con el agua

Tales de Mileto (600 a. C.) y Víctor Schauberger están de acuerdo en que el agua es la substancia original de toda la vida y en que todas las formas de vida proceden del agua. El que está conectado con el agua, está conectado con los secretos de la vida. El conocimiento de la fuerza del agua forma parte de la base de la nueva formación cultural.

¿Qué le da al salmón su sentido de la orientación cuando vuelve de los mares lejanos a las fuentes de su patria para desovar? ¿Qué le da la capacidad de nadar contra la corriente más fuerte rio arriba y poder dar saltos en cataratas de 10 metros?

El agua recibe un significado nuevo en la visión del mundo de los tiempos venideros. Lleva las informaciones de la vida al mundo material. Es junto a la luz, el portador de información de vida más importante. El agua natural en movimiento forma dentro de sí innumerables segmentos cuyas superficies funcionan como órganos sensoriales de información al cosmos (ver Theodor Schwenk:"Das sensible Chaos" [El Caos sensible]). Todas las informaciones del éter vital, sean de origen cósmico o terrestre, son absorbidas y transmitidas. El japonés Masuru Emoto hizo que la información de piezas musicales y de textos y de algunas palabras influyera en el agua, congeló esa agua y fotografió los cristales de hielo bajo el microscopio. ¡Se formaron cristales superdiferenciados, diseños de cristales completamente diferenciados unos de otros! Ello quiere decir que el agua ha absorbido la información (de palabras como "amor" u "odio") y, con su poder de imagen inmanente, las ha traducido a un código de imágenes. El agua es un ser espiritual vivo, que absorbe dentro de sí la información que le introducimos, por ejemplo cantando, orando o a través de textos, y que después la transmite a la biosfera. También el método de Plochers para la depuración del agua de estanques se basa en ese tipo de tecnología de la información. Si queremos reforzar la información de la paz, es obvio que debemos introducirla también en el agua. A su manera se ocupará esta de su difusión.

El agua no es una fórmula química, sino un órgano central de la biosfera en el que casi todos los secretos del universo están contenidos. De las formas del movimiento del agua surgieron las formas de todas las estructuras vivas. El agua contiene el diseño de todas las posibilidades de la vida realizadas y quizá también de las no realizadas. El agua es un estado de agregación especial de la vida universal en el que la luz del mundo y el mundo material se tocan y se unen. El agua posee por ello cualidades que arrojan por la borda todas las reglas físicas, especialmente allí donde forma remolinos, donde en los pasillos subterráneos fluye montaña arriba o donde provoca fuerzas de levitación desconocidas en el centro de las cataratas. Víctor Schauberger empezó hace más de cien años sus impresionantes investigaciones sobre el agua. Descubrió un mundo completamente nuevo (descrito con el mayor detalle por Callum Coats en el libro "Naturenergien verstehen und nutzen" [Comprender y aprovechar las energías naturales] o también en el libro de Olof Alexandersson: "Lebendes Wasser" [Agua viva]). Los acertijos del agua no se han resuelto hasta ahora, acaban de hacerse visibles. Además ahora ya sabemos que en una cultura mundial venidera todo el estilo de vida de los seres humanos estará unido de una forma nueva con las leyes del agua. Beber agua clara será una parte de la cultura corporal venidera. La limpieza y energetización del agua tendrá un gran significado en el trabajo global de los Biotopos de Curación, los remolinos en espiral y con forma de hipérbola producirán nuevas estructuras de espacio y sonido, y las tecnologías de la información espiritual iniciarán un contacto natural con el agua como portadora de la información. El trabajo conjunto con la naturaleza es en todos los ámbitos un trabajo conjunto con el agua.

El agua es un ser vivo. Si nosotros la tratamos de esta forma, se convertirá en un regalo de la vida. En Tamera se forma en cooperación con Sepp Holzer un paisaje de retención de agua, un proyecto modelo para la renaturalización de los paisajes más dañados del Sur de Europa. En lugar de polvo y praderas secas el visitante será recibido aquí en cada momento del año por extensas superficies de agua de varias hectáreas. Ellas están rodeadas de terrazas con verduras, frutas y flores. Este paraíso estará alimentado solo del agua de lluvia, que cae aquí en invierno y que será almacenada en las cuencas de retención de formas naturales. El seco cuerpo de la tierra se sacia poco a poco de nuevo con humedad, los bosques se regeneran, plantas, animales y humanos respiran. El agua de los lagos se purifica por si misma, a través de las formas que fomentan su propio movimiento. Peces y pájaros y muchos otros animales salvajes han encontrado una nueva patria. En los años venideros deben de ser construidas 10 cuencas de retención más, está en construcción un anillo de tuberías de agua para agua potable fresca: así se convertirá Tamera en un paraíso natural para humanos y animales. Ya ahora vienen visitantes de todo Portugal, clases de la universidad y periodistas, para ver este milagro. Los especialistas dicen. "Así de fácil podría detenerse la desertificación".

Cooperación con la materia

Entre las cualidades nativas de la materia, el movimiento es la primera y la más excelente, no sólo como movimiento mecánico y matemático, sino aún más como impulso, espíritu vital, elasticidad, como tortura – si usamos el término de Jakob Böhm- de la materia.

Esta frase no procede de un soñador místico, sino de Karl Marx (en la "Sagrada Familia"). La materia es la sustancia energética en forma condensada. Esta sustancia es de una naturaleza básica espiritual. Y si la materia tiene fundamentos espirituales también puede ser influida de esta manera. Este fenómeno es conocido perfectamente en la investigación parapsicológica y se le llama "psicotrónica". La psicotrónica es la influencia y el cambio de cosas materiales por medios psicológicos. En la tecnología venidera será tan natural como hoy telefonear. Las experiencias descritas por Uri Geller en el trato psicotrónico con la materia sobrepasan con mucho el doblar cucharas. Piensa seriamente en aplicar las energías psicotrónicas a favor del trabajo por la paz global - por ejemplo para la desactivación de todos los explosivos nucleares. Mejor no reírse en seguida, sino leer su libro "Mein wundervolles Leben" [Mi fantástica vida]. En los laboratorios militares americanos y rusos se hacen experimentos psicotrónicos desde hace décadas. En la época prehistórica de las civilizaciones megalíticas parece haber sido natural el trato psicotrónico con la materia. Las piedras sagradas y los dólmenes tuvieron que haber sido levantadas con gran participación de energías espirituales. Según todos los conocimientos ya no se puede descartar que también en la construcción de las pirámides egipcias el amontonamiento de los paralelepípedos gigantescos de piedra y el inmenso trabajo de precisión de su ensamblaje fuera sólo posible recurriendo a las energías espirituales. La materia consiste en energía. Incluso los protones, los elementos materiales más pesados y sólidos en el llamado núcleo del átomo, consisten en campo de energía vibratoria elevada. Si se logra influir con la frecuencia correcta en esa energía se transforma la materia. Las capacidades psicológicas paranormales originadas de este modo por los artistas del escapismo como Houdini parece que no tienen fronteras. Desde estos puntos de vista se plantea la cuestión por sí misma: ¿Hay fronteras materiales para la acción humana? ¿No se trata, allí donde tropezamos con límites, únicamente de los límites de nuestra conciencia que superaremos un día? "Todo lo que se piensa es realizable" –dijo Albert Einstein. Esa frase contiene una verdad casi inquietante. Afecta a la dependencia entre pensamiento y realidad, que resulta de la naturaleza espiritual de la realidad. En los experimentos

Montauk americanos, mantenidos en secreto durante mucho tiempo, quedó demostrado, al comienzo de los años ochenta del siglo XX, cómo se pueden transformar realmente los pensamientos en cosas materiales.

Las formaciones materiales tienen sus propias fuerzas de movilidad y de tensión. El artista y estudiante de la escuela del Bauhaus Hans Hoffmann-Lederer desarrolló esculturas metálicas que consistían solo en los movimientos propios de las finas láminas de metal. Se enrollan y se retuerzan como cartulina cuando se las corta en tiras. Son fuerzas propias de la materia con las que la persona venidera entra en contacto para formar su medio ambiente material por el camino de la vibración y la resonancia. La tecnología de la resonancia y la psicotrónica son las bases de una cooperación futura sin violencia entre el ser humano y la materia. (No necesitamos poder ponerlo en seguida todo en práctica. A menudo el desarrollo empieza con una visión de fundamento realista. Entonces nos saldrá más rápidamente al encuentro la sabiduría necesaria para su realización.)

Hacer las paces con los animales

Que os teman y de vosotros se espanten todas las fieras de la tierra,
y todos los ganados, y todas las aves del cielo;
todo cuanto sobre la tierra se arrastra y todos los peces del mar,
los pongo todos en vuestro poder.
Cuanto vive y se mueve os servirá de comida.

   Génesis 9, 2

Mientras que haya mataderos,
habrá campos de batalla.

Leon Tolstoi

Mientras que los seres humanos maltraten a los animales,
los torturen y les peguen, tendremos guerra.

Bernard Shaw

Los animales sienten como las personas, alegría y dolor, felicidad e
infelicidad; les afectan las mismas emociones que a las personas.

   Charles Darwin

El asunto de los animales...
está indisolublemente unido al asunto de los humanos,
y lo es en una medida tal que toda mejora en nuestra relación
con el mundo animal tiene que significar infaliblemente
una mejora en el camino a la felicidad de los humanos.

   Émile Zola

Vendrá un día en el que se juzgará a los seres humanos por matar a un
animal de la misma manera que es juzgado por matar a otro ser humano.

   Leonardo da Vinci (Parecidamente también Albert Einstein)

Me puedo imaginar un mundo –
¡porque siempre ha existido!-
en el que el ser humano y los animales hagan una alianza
y convivan en paz y armonía, un mundo que cambie día a día por el
encanto del amor, un mundo liberado de la muerte. Esto no es sueño.

   Henry Miller en "El Mundo del Sexo"

La perra que esperábamos acaba de llegar.
Seguramente le habrán pegado donde estaba antes
porque todo la asusta. De nada sirven los besos
que le da Marie-Sonaly. No logra que se acostumbre.
Su nombre: Pity. Casi se podría traducir por compasión.

Frère Roger (en Taizé)

Domingo por la mañana. Antes tenía que ir a la iglesia a estas horas del día. Hoy voy a la bañera. (¿Se trata de la misma persona?). Sea como sea estoy en la bañera y me doy cuenta de algunos animales minúsculos en los azulejos de la pared. Son muy delgados, más o menos unos 3 milímetros de largo y tienen muchas piernas. Decido tomarlas por hormigas. ¿De dónde vienen? ¿De qué viven? ¿Qué hacen en esta pared? Me entra curiosidad. Son criaturas como nosotros de la evolución, verdaderos seres vivos, parte del Ser único, por eso tienen que tener algún parentesco cósmico conmigo. Observo su paseo dominical en la pared vertical y veo como desaparecen en un agujero pequeño. Es su vivienda. ¡Se han construido una vivienda en el yeso entre los azulejos! ¿Qué podrían haber pensado al hacer esto? ¿De dónde les viene el empeño y la fuerza para poder hacer algo así? Normalmente se les ve como bichos y se deshace uno de ellos. Aquí entran en colisión dos mundos de los cuales el más viejo tiene que ceder. Puede que esto sea correcto según Darwin, ¿pero es también correcto ante los ojos de una instancia superior? ¿Tenemos los seres humanos realmente el derecho de eliminar con tanta naturalidad aquellos elementos de la vida que no encajan en nuestro propio sistema de vida? ¿Es el sistema de vida de las hormigas el falso, o es el nuestro? ¿Será que nuestro sistema de vida no se ha adecuado del todo correctamente a un orden superior de la creación? ¿Existiría la posibilidad de la coexistencia pacífica? Estas preguntas las habríamos calificado de absurdas hace unas décadas, sin embargo hoy en día se vuelven, con cada nueva reflexión, con cada nueva experiencia, más actuales. ¿Existe quizá una posibilidad de coexistencia que abarque a todos los seres vivos? Lo veremos. De la investigación del caos he comprendido una cosa: las cosas que en un determinado nivel del orden existente colisionan entre sí, pueden armonizar en un nivel superior. Cuando dentro de un determinado sistema aparecen hostilidades, estas se pueden transformar en amistad en el nivel de un nuevo sistema de un orden superior. La solución está en encontrar en muchos temas un nivel de orden superior.

En días de pereza me acuesto en el prado, separo un poco la hierba y observo la vida del suelo. Con este objetivo ya he llegado a utilizar lupas porque no salía de mi asombro. La Tierra tiene vida en todas partes. No sé cuantos cientos o miles de seres pequeños habitan un solo metro cuadrado. Agrupemos toda esa capa - escarabajos, hormigas, gusanos, caracoles, arañas, piojos y hacia abajo en la escala de los microorganismos - y tendremos una cantidad de habitantes que no podemos ignorar en los próximos planes de paz de la Tierra. Tenemos que suponer que jugarán un papel significativo en el organismo de la biosfera. Desde estas perspectivas ya no es tan natural el llenar de cemento la tierra o el construirse una casa en cualquier sitio sin haberse puesto antes en contacto con los habitantes residentes allí.

Hubo tiempos y culturas en las que ese pensamiento aún estaba claro. En el caso de los filósofos antiguos como Tales, Pitágoras o Empédocles la unidad de la vida era aún una realidad natural percibida espiritualmente. De ella se derivaba de modo igualmente natural el parentesco entre el ser humano y el animal, lo mismo que después con San Francisco de Asís o con los cátaros, y una actitud ética frente al mundo animal acorde con ella. Ojalá muestren los dos próximos párrafos en qué medida podemos confirmar en el presente esta actitud y usarla para nuestro trabajo.

Trabajo por la paz en el huerto

La producción de alimentos en la agricultura está unida mundialmente con una guerra tóxica librada por el ser humano contra los "bichos". En el caso de los llamados bichos se trata de innumerables seres vivos pequeños que habitan todos los campos y todos los huertos y naturalmente quieren formar parte de la cosecha: gusanos, orugas, caracoles, escarabajos, pulgones de las hojas, ratones, topos, etc. La guerra tóxica no corresponde a las reglas de la Matriz Sagrada pues el ser humano destruye con ella otros órganos que como él mismo forma parte del cuerpo de la totalidad. Hay una alternativa que ya ha probado su eficacia en pequeños proyectos modelo.

Hay huertos sin violencia en la Tierra. Se han descrito en el libro "In Harmonie mit den Naturwesen" [En Armonía con los Seres de la Naturaleza] de Eike Braunroth. El principio se basa en la comunicación con las llamadas plagas, no en su destrucción. Los agricultores por la paz no usan pesticidas ni ningún otro medio de intimidación contra los animales pequeños. La paz se crea con un acuerdo contractual entre el ser humano y las otras criaturas. Así por ejemplo Jürgen Paulick, un alumno de Eike Braunroth, llegó al siguiente acuerdo: "He sembrado lechuga, nos pertenece a ambos; yo cosecho 12 lechugas y vosotras recibís 3". Ocasionalmente escribió estos contratos incluso en trozos de papel que colocaba en el huerto. Me puedo imaginar un hermoso titular en el Bildzeitung [se trata de un periódico sensacionalista]: "Agricultor alternativo escribe cartas a los parásitos". Quizá al principio sintamos lo mismo y sacudamos la cabeza. Lo gracioso sin embargo, es que la cosa funciona. Nosotros mismos hemos tenido en Tamera contactos con animales, que nadie cree posibles hasta que no los ha vivido. Se explican del hecho de que todos nosotros, animales y seres humanos, somos partes del ser **único** y de la **única** consciencia. Las informaciones tienen que ser claras y sin contradicciones. Tienen que venir de un espíritu real de paz, no de una concesión a regañadientes. Tampoco en los alrededores se deben sentir signos de violencia y de destrucción, tampoco en la forma de los llamados productos cómplices, para cuya producción se tuvo que matar animales.

¿Conocen los caracoles el número tres? Probablemente no, pero tampoco necesitan conocerlo. Tampoco un ordenador necesita saber, lo que se le introduce y a pesar de ello hace lo correcto, porque fue programado por una inteligencia superior. Igual ocurre con los caracoles y los otros animales. Si formulamos nuestra petición claramente, y si tiene sentido, entonces será acogida por el diseño de información, que guía al caracol y lo transmite como impulso de conducta al caracol. Lo mismo ocurre con una araña que construye su red. ¿Sabe la araña cómo se construye una red? La meta-inteligencia, que influye a través de la rejilla de información de la araña en su cuerpo lo sabe, y ello es suficiente en el sistema de conexiones de la creación.

En el caso del huerto de paz la construcción de un huerto es del comienzo al fin un proceso espiritual de información y de cooperación. Todo es un ser y un continuo: la tierra del huerto, las plantas, los animales, el ser humano y el mundo de los microbios son partes **del** cuerpo de la vida. Estando en la frecuencia correcta, todos los sujetos participantes en ella están unidos los unos a los otros en **un** sistema de información. Probablemente se han interconectado a este sistema otros sujetos: las llamadas devas, especialmente los espíritus de las plantas y de los animales, que representan más o menos al espíritu de grupo de una especie. Los conocemos de Findhorn, la conocida comuna espiritual de Escocia (ver a este respecto Dorothy MacLean: "Ich kann mit Engeln reden"/ Puedo hablar con los ángeles). Las devas ya casi forman parte hoy del componente fijo de las descripciones espirituales de la naturaleza. El sanador de paisajes Marko Pogačnik y su hija Anna Pogačnik trabajan conjuntamente con ellas como compañeras naturales. Las devas parecen ser capaces, de asimilar conscientemente la información que se introduce y de transmitirla a su ser. Las devas son también capaces, de hacer propuestas de mejora, que son comprendidas por personas con capacidades de médium.

El lugar donde queremos colocar el huerto ya estaba poblado de pequeños seres vivientes como gusanos, caracoles, escarabajos, ciempiés, arañas, cochinillas etc. Allí, en la superficie límite de la Tierra, cerca de su superficie o en la profundidad, a la sombra de hierbas y plantas aromáticas tienen su patria natural. Allí cuidan su relación simbiótica con el organismo de la Tierra. Todos los seres, también los más pequeños, reaccionan a la comunicación, pues todos son parte del todo. Por ello es razonable en favor de la creación, informar a los seres vivos de la Tierra con antelación del plan del huerto y pedirles cooperación.

Uno de los pensamientos básicos del huerto no violento es la riqueza de la Tierra. Es suficiente para todos. El contrato, que negociamos con los seres vivos pequeños, se basa en que, les dejamos una parte generosa de nuestra cosecha. Eike Braunroth escribe a este respecto:

cuando yo misma investigaba aún en este campo, ya hace de esto 20 años, les regalé primero a los seres de la naturaleza un 10 por ciento. Es una buena medida... Basándonos en la experiencia de que, la naturaleza reacciona a la generosidad, elevé el año próximo la donación voluntaria al 30 por ciento. Pensar y actuar en dimensiones cada vez mayores forma parte del objetivo de la naturaleza. Por ello invité a partir del tercer año a todos los escarabajos de la patata, a los caracoles, los parásitos de las hojas, los ratones campestres, los campañoles, los conejos etc. a vivir en mi terreno y a transmitirle a sus parientes, que pueden vivir en mi terreno y tomar alimento. Este fue el momento de soltar completamente. Desde ese momento nuestras cosechas crecieron cada vez más, los frutos eran cada vez más sanos, más sabrosos, más bellos y se conservaban más tiempo.

Y para la toma de contacto física con los seres de la naturaleza aconseja una actitud, que también se podría practicar con los seres humanos:
¡Primero envía amor y sólo después toca!
¡Primero envía bendiciones y sólo después toca!
¡Primero envía alegría y sólo después toca!
¡Primero envía la bienvenida y sólo después toca!
¡Primero envía benevolencia y sólo después toca!
¡Primero envía el deseo de conocerlos y sólo después toca!
¡Primero envía el deseo de compartir y sólo después toca!
¡Primero envía el deseo de hacer el bien y sólo después toca!

Cooperación con las ratas

Como en casi en todas partes, donde en donde se asienta el ser humano, también en Tamera aparecieron pronto las ratas. Sus métodos de hacernos la vida imposible, sobre todo por la noche, se hicieron cada vez más llamativos. Ya no era posible dormir en los espacios conquistados por las ratas. Una rata parecía especializada en desprender piedrecillas de la pared de arcilla y dejarlas caer encima de nosotros. Como no se dejaba espantar, sino que cada día parecía venir más cerca con su ruido, empezamos a prestarle atención. Parecía realmente comunicarnos algo. En una sesión medial nos llegó el mensaje. Ella, es decir, su deva nos quería hacer la propuesta, de no echar más a las ratas, sino de cooperar con ellas. Era muy clara y precisa. Recibimos el mensaje de que, las ratas pueden crear energías de inmunización contra los venenos y que por ello nos podrían ayudar en la neutralización de sustancias tóxicas. También supimos que, las ratas son portadoras de información importantes y que llegan a casi todas partes y que están dispuestas a servir al trabajo por la paz como portadoras de información. Como contraprestación nos pidieron que, les proporcionáramos un domicilio propio con suficiente alimento. Desde entonces se desarrolló una comunicación que, ninguno de nosotros habría creído posible. De nuevo se nos manifestó una realidad que, era tan completamente distinta a lo que habíamos aprendido hasta entonces, que solo se puede creer en ella, cuando se la ha experimentado. En consecuencia les construimos una vivienda en una antigua ruina que justo después usaron. El tumulto nocturno se acabó completamente, las ratas se habían mudado. En esa época nos enteramos de que, en India hay templos para ratas que son construidos como viviendas para ratas. Supongo que, esa tradición se remonta al emperador indio Ashoka, que unificó el imperio doscientos años antes de Cristo y creó numerosos asilos para animales siguiendo la tendencia de su renovación imperial budista.

Otra pequeña historia: un día descubrimos en un sótano de almacenaje un nido de ratas con cinco ratas recién nacidas. Uno se puede imaginar. ¡ un nido de ratas en un sótano de almacenaje rodeado de fruta, bananas, verdura y pan!. La jefa de cocina les puso un plato abundante de fruta y copos de avena en el suelo y una carta en la que les pedía que, por estas y aquellas razones sólo se sirvieran de este alimento. Tras algunos malentendidos la rata empezó a concentrarse sólo en el plato. Les podíamos dejar todo el sótano de almacenaje sin problemas. Dorothy MacLean describe en su libro "Sé hablar con los ángeles" su comunicación con las ratas devas. Sin embargo no pudo llevar a cabo sus propuestas de cooperación porque, el antiguo prejuicio estaba muy profundamente asentado en la comunidad de Findhorn. Las ratas han tenido la reputación durante muchos siglos de ser los enemigos de las personas. Las personas luchaban contra ellas, en vez de reconocer que su cercanía continua tenía algo que ver con el deseo de contacto y con una relación simbiótica entre el ser humano y las ratas. Lo mismo ocurre con las serpientes. Las crueldades cometidas en el pasado no las podremos reparar, pero podemos hacer todo lo posible para que no se cometan más y en su lugar se instale el espíritu de la cooperación y de la amistad, que era el que se había proyectado desde un principio. Las ratas se podrían convertir en aliadas para el trabajo global por la paz.

La ley natural espiritual

No es sólo el ser humano el que busca la cooperación con la naturaleza.
La naturaleza busca también la cooperación con el ser humano.
No es sólo el ser humano el que busca las plantas medicinales.
Las plantas medicinales buscan también a los seres humanos.
No es sólo el sediento el que busca el agua.
El agua busca también al sediento.

¿No es como un milagro que haya en la Tierra toda la comida y la bebida que el ser humano necesita para su cuerpo? ¡Para cada necesidad de nuestro cuerpo se haya su equivalente en la naturaleza! El cuerpo de la naturaleza y el cuerpo de las personas están delicadamente ajustados el uno al otro, pues ambos provienen de la misma divinidad (totalidad divina). En el continuo holográfico de la vida las cosas están ajustadas unas a las otras: lo que aparece aquí como hambre, aparece allí como saciedad; lo que aparece aquí como anhelo, aparece allí como su realización; lo que aquí se desea, allí se realiza. No habría sed si no hubiera también agua. En el próximo capítulo sobre "La eficiencia de la oración" volveremos a este tema. La Matriz Sagrada ha previsto entre el ser humano y la naturaleza una relación simbiótica. El ser deseante encuentra una naturaleza que lo satisface, y la naturaleza deseante encuentra a un ser que la satisface. El hacer de ambas partes está dirigido por impulsos, deseos, anhelos y necesidades subjetivos. Ambas partes entran en contacto y comunicación por su "lado interno" (Teilhard de Chardin). No existen las leyes naturales muertas de la física.

En las leyes de la naturaleza física reaccionan los cuerpos físicos entre sí. En las leyes de la naturaleza espiritual reaccionan los seres psíquicos (o espirituales) de las cosas entre sí. La ciencia antigua plantea la cuestión de las cualidades de una cosa, de una planta, de un animal, de una piedra, de un metal, de un río. La nueva ciencia plantea la cuestión: ¿Qué **hace** ese ser? Todas las cosas se encuentran en una actividad, también cuando a veces sea demasiado lento para nuestra comprensión, de manera que no podemos ver lo hecho Cada forma de una planta es un gesto. Cada cosa es una fase de movimiento en un desarrollo universal. Todo junto se halla en una gran actividad común, a la que llamamos "la creación". La creación es un acontecimiento perpetuo, ocurre en cada momento. Las presuntas leyes de la naturaleza no son en realidad leyes de cosas, sino leyes de sus comportamientos habituales. Esas conductas habituales no cambian, mientras que las condiciones del medio ambiente permanezcan igual. Pero pueden cambiar repentinamente cuando sucede algo nuevo. Pueden cambiar por ejemplo de tranquilidad a cambio, o de miedo a alegría, de rechazo a atracción. Cosas que normalmente siguen las leyes de la gravitación pueden obedecer a la levitación y flotar, se describen a menudo casos así en la investigación parapsicológica. Los animales o plantas que, hasta ahora habían evitado al ser humano, pueden de repente acercarse a ellos, si donde antes había hostilidad se da entrada a la amistad. (Pero en caso de hostilidad también lo pueden molestar durante el tiempo necesario hasta que cambie de modo de pensar y se vuelva más amable; entonces lo dejan tranquilo y se sitúan a una distancia amistosa.)

No hay materia muerta. Todo vive, todo es conciencia, todo se influencia mutuamente. La naturaleza reacciona a las personas como las personas a la naturaleza. Cada ser de la naturaleza se alegra, cuando le hacemos algo bueno. La naturaleza no es algo que, esté frente al ser humano como un mundo independiente y permanente, sino que se encuentra junto al ser humano en una evolución común. Los sanadores que curan con hierbas medicinales dicen que, alrededor de una colonia humana nueva se establecen aquellas plantas que, el ser humano necesita para su salud. Las ortigas casi parecen correr detrás de las personas. Maurice Messegué, el famoso médico naturista, da aún un paso más. Escribe que, en caso de una enfermedad de larga duración aparecen cerca pronto las plantas que son adecuadas para la curación.

No sólo entra el ser humano en cooperación con la naturaleza, sino que la naturaleza entra en cooperación con los seres humanos. Una vez que despejamos un pequeño trozo de tierra, se cubrió la tierra desnuda con nuevas plantas que, nadie había sembrado allí. Examinándolas con curiosidad comprobamos que, todas las plantas eran comestibles como valiosa verdura salvaje. ¿No es emocionante? Las devas de las plantas llevaron hasta nosotros sus plantas. Reaccionaron a la amistad que antes le habíamos demostrado a la naturaleza. Todo está preparado para la comunicación y la cooperación. Dejemos que suceda.

Capítulo 3
La eficacia de la oración

El circuito de Dios

Presta atención a la desviación, quizá te dirija a algún sitio.

Vivimos en un mundo lleno de magia y de maravillas. Necesitamos la fuerza, que reside más allá de nuestras fuerzas del ego, para formar la nueva civilización. Sabemos que esa fuerza existe y que es accesible a las personas. Para crear Biotopos de Curación y comunidades futuras capaces de sobrevivir necesitamos un conocimiento, que nos capacite, para usar esa fuerza en la curación de las personas, la naturaleza y la Tierra. La oración correctamente pronunciada es un método de materialización. ¿Cómo ejerce su efecto?

De nuevo brevemente los pensamientos básicos. El universo es un organismo vivo. Funciona, mientras no esté demasiado trastornado, según los principios de la Matriz Sagrada. Todos los seres que se encuentran allí, que no se han separado del plan de creación, están conectados con el ser **único** y la conciencia **única** de ese organismo como las células y los órganos de un cuerpo. El organismo está lleno de **un** yo, **una** central, **un** alma universal. Se encuentra en el todo y en cada ser individual. Los seres individuales son los captadores, las antenas, los ojos y los órganos de pensamiento del todo. Lo que perciben, lo que hacen, lo que necesitan o desean, se envía en un gran circuito regulador a la central. Esta envía entonces sus impulsos e informaciones, que cada ser individual necesita para su rumbo. Todos esos procesos de información son al final procesos espirituales e intelectuales, se basan en un circuito regulador cósmico, en el que impulsos espirituales y energías de la conciencia fluyen en un ir y venir permanente entre la parte y el todo. El mundo se derrumbaría inmediatamente si ese circuito regulador ya no funcionara.

En este contexto podemos reconocer la función de la oración. Una oración verdadera es una función del llamado circuito regulador traducida en comunicación consciente (al que nosotros llamaremos en lo sucesivo "el circuito de Dios"). Me conecta con la central del todo. La oración tiene lugar en ambos lados. Cuando rezo de verdad, también reza la central en mí y a través de mí. A veces ya recibimos durante la oración la respuesta, la central reza entonces – mediada por nuestras palabras- de vuelta a nosotros. Ambos polos necesitan el uno del otro. Yo necesito a la central y la central me necesita. Cuando fallo, le faltan aquellas informaciones, que podría recibir especialmente de mí. Las necesita de la manera más clara y verdadera posibles. Por ello es importante que yo funcione correctamente, que no dé informaciones falsas, que mi cuerpo y mi mente sean capaces de enviar informaciones claras a la central. Necesita esas informaciones para poder apoyarme. Las informaciones tienen que darse con la mayor claridad y conciencia posible, para que pueda llevarse a cabo una cooperación consciente entre el órgano y la central. El dios o la diosa, la central o el alma universal necesitan mi percepción, mis pensamientos, mi deseo y mi retroalimentación en un plano completamente consciente. En el plano biológico la retroalimentación siempre tiene lugar de todos modos. En el plano consciente está interrumpida desde la época de la gran separación más o menos y tiene que ser restablecida hoy en día en un nuevo plano. Es una necesidad histórica. Tenemos que aprender a rezar, es decir que tenemos que aprender a comunicar nuestras percepciones, pensamientos y deseos de forma clara y en la correcta frecuencia a la central y al todo. Sólo así puede el círculo de regulación cósmico, el "circuito de Dios", volver a ponerse en funcionamiento en un plano consciente, y sólo entonces pueden "moverse las montañas" que se interponen en el camino de una liberación global, también las montañas dentro de nosotros mismos.

Cuando quiero algo muy intensamente, es entonces la voluntad del todo. Si no, no podría querer algo muy intensamente. Pero como es la voluntad del todo, el todo (Dios) tomará las medidas que son necesarias para satisfacer esa voluntad. Yo percibiré estas medidas y daré de forma adecuada mi opinión sobre ellas. Así empieza una navegación conjunta entre mí y la central. Si nos quedamos en la frecuencia correcta conjuntamente, estamos en el rumbo de la realización o materialización. Esto se deduce lógicamente de la estructura holística del mundo. Hoy ya no se trata de una cuestión de la esperanza o de la fe, sino más bien de una cuestión de reconocer, si recorreremos ese camino espiritual, o no. Es fruto de nuestra comprensión de las relaciones de interdependencia de la creación. La vida espiritual práctica no es ninguna sentimentalidad sino un camino eficiente de realización. Todas las personas que participen en la construcción de la nueva Tierra se conectarán más tarde o más tarde con la práctica espiritual diaria y desde ahí regularán todas sus prioridades y tomarán sus decisiones. La nueva puesta en funcionamiento consciente del circuito divino es una condición para el éxito del trabajo global por la paz. También es una condición para que despertemos de la niebla de la época materialista y para encontrar el camino hacia la realidad.

Querría aclarar los pensamientos del círculo divino con un ejemplo. Supongamos que, estamos muy enamorados de una persona determinada y lo que más deseamos es entrar en contacto con ella. Entonces rezamos para que se cumpla ese deseo. Para poder creer que se va a cumplir debemos saber tres cosas:

Primera: si ese deseo está muy dentro de ti entonces no es sólo un deseo privado tuyo, sino que es el universo en ti, el dios o la diosa, a través de los cuales nos llega ese deseo. Es un deseo del universo, un deseo universal, que une a ese hombre o a esa mujer. Todo el mundo (del que tú eres una condensación holográfica) quiere ese deseo o esa oración de ti y todo el universo quiere también que se cumpla. Esto se deduce de la unidad entre Dios y el ser humano, el yo universal y el yo-ser humano y del órgano-naturaleza de nuestra persona en el cuerpo del universo. Es válido para todos los deseos reales y para todas las oraciones reales.

Venimos de una larga tradición religiosa con el llamado "altruismo", y tenemos quizá reparos en rezar para cosas "egoístas". Tenemos que cambiar nuestro modo de pensar. Lo que le es útil al órgano, le es útil al todo. El yo cósmico necesita nuestra figura, nuestro anhelo, nuestra voluntad, nuestra oración y nuestro comentario para su trabajo de creación. No puede trabajar sin nuestro "yo quiero", "yo necesito", "yo busco"... Nos encontramos en un viaje cósmico en el que dependemos de una navegación que funcione. Para que pueda funcionar tenemos que saber lo que necesitamos. Puede ser de todas formas que para ello se necesite un amante determinado. Con la experiencia nos daremos cuenta de para qué cosas se nos permite rezar y podemos rezar. Encontraremos la conexión con nuestro yo más elevado de la que proviene la frecuencia correcta. Lo sentimos en la grandeza y la tranquilidad y también en la confianza, que nos invade en ese momento.

Segundo: la información de la oración es absorbida y transmitida por la central. El universo se sintoniza con esto – de la misma manera que el cuerpo humano sintoniza con el deseo de un órgano- y reacciona con una estrategia para que se cumpla. Sin embargo se escenifican cosas que, nosotros a menudo no entendemos en seguida y que al principio no tienen el aspecto de estar sirviendo al cumplimiento de nuestro deseo. Nosotros hemos experimentado con frecuencia estas cosas en nuestras investigaciones sobre la oración. Sólo cuando hayamos aprendido a desprendernos de juicios demasiado rápidos y de desilusiones, encontraremos el rastro de los caminos y los métodos, con los que se organiza en el universo la realización. Nos ponemos al corriente del principio de la atención perceptiva, pues todo lo que ocurre desde el momento de nuestra oración, puede contribuir a su cumplimiento. Entramos en un estado de "atención flotante" (Simone Weil), el cual fue descrito y practicado por la gran mística, casi revolucionaria, Hildegard von Bingen. Recorremos una cadena de sucesos grandes o pequeños, que reciben un nuevo significado y emoción, en cuanto comenzamos a ver en ellos los mensajeros del deseado cumplimiento. Son quizás niños jugando, quizá una pelota roja, una escena de los sueños de la noche anterior, el canto de un pájaro, el perfume de una planta de capuchina, el olor de una vivienda, las palabras del vecino, una llamada de teléfono inesperada, un dicho en el calendario, un nombre de una calle o una matrícula de un coche, quizá también cosas que parecen negativas: un pequeño accidente, una avería, un reloj que se ha dejado olvidado, un avión perdido. Es una cadena de situaciones que están en cambio permanente – un "continuo creativo", que lleva a la meta, si estamos lo suficientemente despiertos, como para percibir las situaciones por separado y sus posibilidades y de no falsificarlas con nuestros prejuicios habituales. Esa cadena nos llevará a la meta porque, obedece a una providencia y una guía, que se corresponden con la oración. A veces la conciencia universal sabe algo más sobre el camino de la realización de nuestro deseo que nosotros y por ello elige métodos a los que no habríamos llegado por nosotros mismos. Esa ventaja de saber podemos concedérsela al universo aunque seamos ateos. Cada miembro por separado de la cadena de sucesos no tiene, a menudo, ningún sentido reconocible; sirve para la conservación de la energía necesaria para su satisfacción por ambos lados. Mirando atrás nos damos cuenta, como en una novela policíaca, de la lógica de los acontecimientos producidos por nuestra oración. Se intuye hacia qué tipo de vida nos encaminamos cuando tenemos acceso a esas conexiones. Aquí se muestra ante nosotros la utopía concreta en forma tan clara, que ya casi la podemos respirar. Empezamos a comprender el concepto de "percepción espiritual". Toda persona cuerda entrará a orar, para que se cumpla un gran deseo, en la percepción espiritual de las cosas cotidianas.

Al llegar a este punto no quiero silenciar, que la capacidad para la percepción espiritual también tiene que ver con nuestra constitución corporal. Necesitamos un cuerpo ligero, desintoxicado, para poder meternos completamente en el tejido delicado de las percepciones sensuales y espirituales. La cuestión de la alimentación no es lo menos importante. Todas las personas, que entran en un proceso de oración y se mueven en pos de la transformación, tropezarán sin falta con el tema de la alimentación (que no se va a tratar en este libro porque no hay ninguna receta que sea válida para todos). Plutarco, el historiador griego y último sacerdote del oráculo de Delfos (hacia el año 100 d.C.), aconseja ligereza corporal para poder recibir la luz del mundo. Escribe:

si miramos el sol a través de un aire húmedo, cargado de brumas espesas, nos aparecerá, en vez de en un resplandor puro, en una luz mortecina, nebulosa, apagada. De la misma manera se enturbiará, se mezclará y se confundirá la luz y la alegría del alma atravesando los cuerpos gruesos y sobresaturados, porque pierde la lucidez y la fortaleza para las nociones delicadas y transparentes de las cosas.

Tercero: no dependas del objeto deseado ni tampoco del cumplimiento de tu deseo. ¡Suelta! Esta frase sorprendente es muy importante, se deduce de lo que acabamos de decir. La fijación es un suceso, que nos hace ciegos para todo lo que, según nuestra opinión, no tiene que ver con el objetivo deseado. Entonces no vemos y pasamos por alto las muchas cosas pequeñas y delicadas que, si las percibiéramos, llevarían al cumplimiento de la oración. Así de fácil es a veces la lógica espiritual. Es importante que puedas comprender este pensamiento.

Al ponerte en el camino de la oración y al abrir tus sentidos para la percepción del presente el espíritu cósmico, del que en último término procedía tu oración, podía recorrer ese camino de la realización contigo. El circuito de Dios. Es casi una tautología, pues en la estructura holográfica universal las oraciones que habían sido pronunciadas con una intención seria no podían tener otro resultado más que, el de realizarse cuando se va por el llamado camino de la atención. Si no, el mundo sufriría una resquebrajadura. Dios, el mundo y los seres humanos forman juntos un Holón. El sujeto, que lo pone todo en movimiento y que todo lo une, está en los tres. Cuando el sujeto desea algo, tiene un efecto en un circuito regulador extraño, como la regulación de un termostato. Los sucesos que tiene lugar en un circuito regulador están dirigidos al logro de los valores teóricos con los que se han regulado.

La inteligencia universal, que nos ha dado nuestro yo superior, se da a conocer a través de un instrumento especial, que llamamos "la voz interior". Se vuelve más clara cuanto más nos sintonizamos con su frecuencia y cuanto más dispuestos estamos a obedecerla. En ocasiones hemos escuchado nuestras voces interiores tan claramente, que hemos pensado en crear a partir de ello una nueva forma de teatro. Esta sería una continuación sensata, casi genial de la auto representación (forum) ante el grupo. Supongo que llegaremos a hacerlo. Como prueba, unas frases que le dijo la voz interior a uno de nuestros compañeros de trabajo:

si me aceptas totalmente, te enseñaré caminos y situaciones, en los que me necesitas completamente y en donde no hay ningún sitio para olvidarme o para ponerme en duda. Soy la voz del amor que habla en ti y que a través de ti quiere hablar. El amor no es nada sentimental. Es el otro principio de vivir y de actuar... Soy la voz de la confianza original en el curso de las cosas, si me dejas actuar a través de ti. Tengo una respuesta para cada una de tus preguntas... Deja las molestias de cada día y quédate conmigo, da igual cómo fuera tu pasado o las preocupaciones que tengas sobre el futuro. Conozco muy bien tus miedos y no te inspiraré nada para lo que no te sientas capaz. Vive de manera que puedas creer en ti mismo, entonces desaparecerá poco a poco el miedo.

No todas las oraciones se cumplen. Tienen que venir de nuestro núcleo auténtico y ser compatible tanto con nuestra entelequia como con el plan de construcción de la creación. Todos nosotros tenemos que aprender a hablar claramente sobre nuestros deseos verdaderos, nuestras verdaderas intenciones, nuestros amigos verdaderos, nuestros objetivos verdaderos. Si hay falsedad, mala costumbre y superficialidad en la oración, hay un ruido en el canal y no se cumplen. Necesitamos confianza, verdad y precisión, para poder creer en el cumplimiento de nuestras oraciones. Para finalizar querría citar un párrafo de un oficio matinal de Sabine Lichtenfels:

sabes que tu anhelo puede ser satisfecho, si te unes enteramente a él y lo reconoces totalmente. Debes saber que tu anhelo es único y que sólo puede ser reconocido por ti en su totalidad. Mientras tomes los anhelos de otros por los tuyos propios no hallarás ninguna satisfacción y permanecerás separado.

Pero tú has dejado de comparar y has convertido tu anhelo en tu portavoz. Sabes que de tu verdadero anhelo es la evolución y con ello también la evolución del universo. Sabes que en tu anhelo está instalada su satisfacción como lo está el agua para el sediento. En tu anhelo está situado el verdadero saber de toda tu persona.

Como ya sabes esto, te has tranquilizado, te has hecho claro y fuerte. Mantienes tu fuerza germinativa clara y transparente. El deseo debilitador y la impaciencia se han apartado de ti y puedes escuchar día tras día las respuestas que te da le universo, día tras día, para dirigirte con seguridad al encuentro de tu objetivo.

Tu anhelo verdadero y sin doblez es la voz de tu persona cósmica, que te guía con seguridad y que gesta a partir de ti la persona que eres.

Un apéndice intelectual a este párrafo

A las personas que piensan lógicamente, les puede surgir la siguiente pregunta: si un solo deseo tiene el efecto de que la realidad se mueva de manera que este se cumpla, ¿qué ocurre con dos deseos individuales distintos, con diez o con seis millones de millones? ¿No se confunde toda la realidad? ¿Puede existir en la construcción de la realidad un principio que se preocupe de que se cumplan los deseos particulares y las oraciones de la mayor cantidad de personas sin que se cree un caos sin salvación? La cuestión está completamente justificada desde el punto de vista de la antigua lógica dualista, pero no corresponde a la estructura de la realidad dialéctica u holográfica. Las acciones individuales que tienen lugar en un organismo unitario, por ejemplo las muchas oraciones diferentes, pueden ser completamente diferentes pero conjuntamente forman la corriente global de la vida. Puede ser que el deseo individual auténtico de un hombre con el deseo individual auténtico de una mujer no armonice. Si permanecen ambos en una frecuencia universal se formará entre ambos una cadena de sucesos que anulará la contradicción. Los deseos individuales se complementarán en vez de colisionar. Esto es válido para todos los seres en tanto que son una parte en la unión con el todo. Son como órganos individuales en un superorganismo y no pueden causarse molestias mutuas, si el circuito global está bien. Es como con los muchos millones de millones de células en nuestro cuerpo: pueden cumplir funciones contrarias pero no contradictorias.

Vivimos en el tejido eterno rotatorio de un holograma de múltiples dimensiones, en el que cada suceso tiene su propio significado para cada sujeto, según el lugar en el que se encuentre el sujeto, dentro de la totalidad. Entre estos significados no hay contradicción sino una cadena de acontecimientos – un continuo creativo. La "contradicción" es una categoría estática de pensamientos lógico-formales, en la realidad sólo hay procesos. Georg Friedrich Wilhelm Hegel fue el gran descubridor de ese mundo "dialéctico" de especie diferente. Los descubrimientos actuales de la investigación holográfica le salen al encuentro. La pronunciación de una oración ya es en sí el principio de la realización. Si no hubiera para cada oración una realización tampoco se podría rezar con convicción. Volveremos a ello en el "Manifiesto de Haifa". Siempre formulamos como deseo o como oración algo que ya existe en la realidad como posibilidad y como "cianotipo" de un desarrollo posterior pues nosotros somos parte de esa realidad.

El circuito del cuerpo

Si queremos saber cómo funciona el universo, a menudo es aconsejable mirar nuestro cuerpo y averiguar cómo funciona en realidad. Todas las maravillas del universo las tenemos también en nuestro cuerpo. Lo especial es que, nosotros también estamos en ese cuerpo y por ello podemos observar desde dentro su modo de funcionar, si aprendemos a unir nuestra atención a los procesos corporales. El símil del cuerpo es fácil de comprender. Si agrandáramos el cuerpo cada vez más, obtendríamos al final un sistema que, como el universo, consiste casi completamente de "nada". Los pedazos de materia aparentemente sólida como huesos, músculos etc. se disolverían en niebla galáctica con campos energéticos de mayor o menor espesor. Entre ellos no habría nada. Venimos a descubrir que, la materia consiste en una "nada" móvil, justamente en movimientos energía. Nuestro cuerpo es como el universo un sistema de vibración energética, en el que las vibraciones individuales están en resonancia con el total. Algo en nuestro cuerpo es muy secreto: cuando me pica el dedo pequeño del pie, ¿cómo sé la parte que me pica y de dónde tengo la capacidad de rascarme aún con los ojos tapados? Al llegar aquí por fin, no podemos pasar de largo por el trabajo intelectual holográfico. Ya no se trata de modelos fisiológicos o mecánicos, los que nos pueden aportar información suficiente, sino de modelos holográficos. Ya no se trata del familiar mundo lineal y causal de correlaciones causa-efecto, sino que es el nuevo mundo de los lazos, círculos y holo-proyecciones infinitos entrecruzados entre sí, el que pisamos ahora, si queremos comprender la manera de funcionar de los vivos. Aquí empieza el verdadero "curso de milagros", que nos podría llevar con cada nuevo paso de nuestro descubrimiento corporal a un nuevo conocimiento universal.

Vuelvo al dedo del pie que nos pica. En algún sitio del universo corporal pica algo, mi sistema de localización holográfico reconoce el sitio: es el dedo pequeño del pie izquierdo. El dedo pequeño del pie grita al universo: ¡rásquenme por favor! Esta es su oración. Y ahora ocurre algo épico; no nos podemos detener durante un tiempo lo suficientemente largo como para comprenderlo o para tomarlo por posible: todo el universo reacciona a la oración, todo el cuerpo se inclina, para rascarse el dedo. ¿No es formidable el poder que tiene una parte tan pequeña sobre el total y como ese todo pone toda su fuerza y su arte al servicio de minúscula partecita? El universo se inclina y el dedo encuentra - consecuencia del circuito regulador permanente entre la central, el dedo de la mano y el del pie - la zona correcta. Todas las partículas, todos los remolinos de energía y las galaxias del cuerpo forman parte de que se haga realidad la oración, que convocó el dedo pequeño del pie. Todo se pone en marcha para que se cumpla la oración, y permanece igual de bien coordinado, como lo estaba antes. Tenemos que mirar mucho tiempo con nuestra mente, para intuir, lo que ocurre allí. Es la representación perfecta de las artes de un mundo construido holográficamente. Y al mismo tiempo es la representación perfecta de cómo se atiende una oración.

En principio no hay ninguna diferencia, en si la oración se ha enviado como un impulso neurofisiológico de mi dedo pequeño al cerebro o en si he sido yo el que en el plano consciente envía una oración a la central, pues también soy yo - como el dedo pequeño del pie - un órgano en el todo. De la misma manera que la oración del dedo ha sido atendida y obedecida en el universo de mi cuerpo, así se atiende y se obedece mi oración en el universo de la creación global. Tomo esta comparación por correcta y precisa. Muestra la inmediatez, con la que transcurre la comunicación permanente y la retroalimentación entre la parte y el todo. Nos muestra sobre todo que, una oración correctamente pronunciada no **puede** no ser atendida en un organismo global intacto, a no ser que el organismo global haya decidido, dañarse a sí mismo. La oración del pequeño dedo del pie "por favor, ráscquenme" no puede realizarse de otra forma, a no ser que, hubiera en ese momento una causa de peso para no rascar, porque antes tienen que hacerse otras cosas. Le tenemos que conceder esa libertad de movimiento al alma universal que nos dice: espere un poco por favor, antes se tiene que hacer esto y aquello. Por ejemplo cuando pide alguien en la oración que el amor con la pareja deseada florezca de nuevo, entonces puede ser que, el alma universal en la figura de la voz interior muy claramente indique que, algo tiene que ser purificado antes, que quizá una mentira determinada tiene que ser eliminada, para que la confianza pueda recuperarse. Para ello no hace falta recorrer ningún terreno pantanoso mental y no caer en hondas cavilaciones porque la voz auxiliar es a menudo clara y sencilla. No se puede dudar de la existencia de la voz interior. Las cavilaciones no proceden en la mayoría de las veces de un problema existencial de comprensión teórica, sino de la niebla de nuestras antiguas costumbres y de los juegos del ego.

Prestar atención a la oración no es una cuestión de fe, sino una ley espiritual de la naturaleza. Estamos concretamente al principio de una ciencia de la naturaleza espiritual y cuanto más avancemos en ella, más colaborará con nosotros partiendo del conocimiento original de la humanidad. En la fase actual de desarrollo que está ante nosotros, no podemos dejar de investigar las leyes del mundo espiritual y de aplicarlas, de la misma manera en que antes se investigaron y se aplicaron las leyes del mundo mecánico. Para ello necesitamos sin embargo una capacidad interna, que diferencie esta empresa claramente de las anteriores. Necesitamos la capacidad y la disposición interna, para unirnos en la vida diaria con las vibraciones de la vida y del amor. Necesitamos la capacidad para el contacto y la comunicación con el mundo. En el estado de separación no podremos usar de forma razonable las leyes espirituales. Las oraciones sólo tienen efecto en la unión. El mundo divino necesita esa unión, para salirnos al encuentro con su sabiduría y su poder como el cuerpo con el dedo pequeño del pie.

El significado de la verdad en el circuito divino

Abre el cuerpo, el tuyo y el de los demás,
por medio del maná de tus palabras.

El dedo pequeño del pie, del que se hablaba hace poco, no puede dar información falsa a la central. No puede mentir y tampoco está metido en un problema psicológico, que le fuerce a calcular las reacciones de su medio ambiente. Dice lo que tiene que decir. La central recibe un mensaje claro y puede reaccionar de acuerdo a ello claramente. Con nosotros es diferente. Nos lo ponemos difícil con la verdad, aunque estemos con nuestros mejores amigos y amigas. Tenemos miedo de las consecuencias de la verdad - y al planteársenos la cuestión de qué nos pasa, elegimos la mayoría de las veces la respuesta, que posee mayor aceptación social. En vez de confesar, que el deseo sexual por la pareja de otro nos pone en dificultades en nuestro interior, decimos: "tengo problemas con mi región lumbar" o "acabo de leer en el periódico un artículo muy malo" o "creo que necesito una nueva idea del amor". En vez de decir, que nos encontramos en una lucha interna con un rival secreto, hablamos de influencia del tiempo meteorológico o de trastornos hormonales. Nuestras aclaraciones mutuas son merecedoras del próximo número de Astérix. Conocemos todos esos dichos con los que "revelamos" como somos. Sigmund Freud las llamaba "racionalizaciones" para problemas, que no pueden o deben ser nombrados. Tenemos que confesar, que normalmente no nos sentimos bien en la complicidad con tales declaraciones falsas, nos aburrimos un poco, estamos un poco frustrados, de que no ocurra nada nuevo, pero en general estamos contentos de que no se toque nada. Existen hoy muchas personas, hombres y mujeres, que no tienen mayor miedo, que el de tener que decir la verdad ante un grupo. Para decir la verdad con alegría, se necesita un trasfondo social diferente y estar integrado en lo humano de una forma nueva.

Es una tarea del movimiento por la paz nuevo, el producir personas capaces de decir la verdad y de construir espacios de experiencia humanos, en los que un discurso claro y sin ambigüedad sea de nuevo posible. Quiero decir sobre todo la verdad en los ámbitos en los que hasta ahora apenas se utilizaban en casa: el sexo, el dinero y el poder.

Al rezar hay un problema parecido: ¿osamos revelar la verdad a nuestro compañero religioso más elevado, dios o diosa, sea quien sea? ¿No residen profundamente en nosotros miedos al castigo y sentimiento de culpa milenarios, que nos dan pie a, incluso estando solos, reprimir las cosas más fuertes y a "suavizar" informaciones para poder incluirlas en la oración?

La cuestión de la verdad no es un tema moral, sino existencial y - si pensamos en la terminología del circuito regulador cósmico - es un tema técnico. Una oración sólo puede entonces tener efecto en la forma deseada, si las informaciones contenidas en el mismo son verdaderas, si el deseo expresado es verdadero, si justo aquello por lo que oramos es lo que queremos de verdad. En cualquier otro caso el circuito está estropeado y producirá por ello resultados falsos y no deseados. Entonces diremos, que nuestras oraciones no han servido para nada. Antes de decir algo así, tenemos que examinar, si estábamos en el estado de decir la verdad cuando rezábamos. Esta es una especie de ejercicio preliminar para la práctica de vida espiritual, que está en la base de los acontecimientos sanadores venideros. No podemos pasar por alto la cuestión de la verdad. Es realmente una cuestión delicada pero crucial.

El asunto de la verdad es un problema. A menudo nos parece demasiado moral. Le damos con facilidad un toque embarazoso de confesión. Aún tenemos en la nariz esos actos santurrones y ansiamos una nueva edición. Querría indicar que justo por eso se han desarrollado los métodos artísticos grupales en el proyecto Meiga, que nos preservan de santidad falsa. Por otro lado se trata de verdad de algo sagrado. Se trata justamente de la verdad y de la fuerza religiosa interior profunda, que está unida a ella. La verdad puede mover montañas. Todo un grupo puede transformarse cuando una persona empieza a hablar desde esa fuerza. En muchos grupos hemos tenido la experiencia de cómo cambia toda la energía de golpe cuando una persona empieza a hablar desde el estado de decir la verdad. Es un estado mental, espiritual y bioenergético, que se comunica en seguida a los otros, porque todos hemos sido creados en relación a ese estado. Con cada palabra verdadera que pronunciamos sobre las cosas candentes de la vida, se produce un poco más de sanación. Con cada frase de este tipo se deshace un pedazo de aquella coraza dentro de nosotros, que antes bloqueaba nuestras energías. Por ello es válida la siguiente frase para el futuro: curación a través de la verdad, no a través de la terapia. No quiero decir la verdad dogmática de los fundadores de religiones, sino la verdad elemental de los niños - aplicada a los temas que tenemos como adultos.

Lo que ha hecho tan difícil el debate con nuestros problemas no resueltos y con nuestros miedos, era la idea arraigada de que se trata de dificultadas de índole privada, que tiene su origen en algún defecto privado y que por ello se oculta de los demás tanto como se puede. Por ello recuerdo el párrafo "La enfermedad no es un asunto privado" en el capítulo 5, Tomo I: en un mundo holístico no hay problemas privados. En cada problema, que trabajamos en nosotros mismos, sanamos un poco del mundo. Esta es la actitud, con la que nos presentamos ante nosotros mismos, ante los otros, ante el mundo y ante Dios. También aquí hay un mensaje. Si dices la verdad muy profundamente y sin quedarte nada, se apodera de ti una fuerza entelequial, que pone en movimiento toda una reacción en cadena. No ocurrirán las cosas temibles por las que te has escondido hasta ahora. Sólo ocurrirán, si junto a la verdad dejas espacio para secretos y mentiras, que podrían arruinarte en el caso de descubrirse. El que entra en la verdadera oración está también decidido a sacar a la luz esos espacios ocultos y a hacer limpieza. A partir de ahí si decimos toda la verdad en un punto crucial de nuestra vida interior, ya no somos los mismos que antes. La verdad contagia y el medio ambiente humano, que crece en los Biotopos de Curación, ya no reaccionará con enjuiciamientos, sino con agradecimiento y liberación. Necesitamos la verdad y la información transparente para nuestra navegación conjunta en el nuevo continente. **La verdad crea confianza, la confianza abre nuestro canal y un canal abierto crea comprensión.** Esto es válido tanto para la comunicación entre las personas como para el contacto con el universo divino.

El manifiesto de Haifa

Todo lo que buscamos de verdad,
nos está buscando a nosotros ya desde la eternidad.

(Dicho antiguo)

Durante un viaje a Israel pasamos la noche en Haifa en un monasterio, que había sido convertido en un hotel. En el jardín del monasterio había una pizarra con el texto siguiente:

No habría sed si no hubiera también agua.
No habría hambre si no hubiera también alimento.
No habría preguntas si no hubiera también respuestas.
No habría anhelo si no se pudiera satisfacer.
No habría fe si no hubiera divinidad.

Lo que aquí se expresa, forma parte de las verdades más profundas del mundo holográfico. La frase "no habría sed si no hubiera también agua" no tiene sentido en el contexto de la lógica normal, porque ¿qué tiene que ver el fenómeno subjetivo de la sed con el fenómeno objetivo del agua? ¿Qué tienen que ver los movimientos objetivos en mi alma con las circunstancias del mundo objetivo? En el mundo holográfico por el contrario, el mundo objetivo y el subjetivo forman parte de un todo como una imagen y su reflejo. Ello lleva a declaraciones extrañas pero verdaderas, por ejemplo a la siguiente: el hecho de que haya fe religiosa, es una prueba de que hay un universo divino. O: el hecho de que la humanidad tenga ese anhelo de amor, de hogar, de redención, es una prueba de que también se pueden satisfacer. La satisfacción no existe quizá en la realidad objetiva, sino como una posibilidad prevista en el plano de construcción de la creación; quizá se halle también en una dirección diferente de la buscada hasta ahora, pero existe; porque si no existiera tampoco existiría el anhelo reflejo de ella. Nuestros anhelos, pensamientos e imágenes íntimos son un reflejo del mundo externo y - casi no me atrevo a decirlo - también es válido lo contrario. El mundo exterior es un reflejo de nuestros pensamientos e imágenes íntimas. No hay un mundo objetivo existente por sí mismo, sólo existe lo que percibimos, según conectemos el proyector de cine de una manera o de otra. El interior y el exterior son dos aspectos de una sola realidad. Es un holomovimiento, un movimiento evolutivo que en su cara interna produce las imágenes "subjetivas" de nuestra alma y en su cara externa las imágenes "objetivas" del medio ambiente físico. Cada anhelo está en resonancia con el objetivo por medio del que puede ser satisfecho. Cada sed está en resonancia con el líquido, que puede apagarla. Por ello se dice: "no sólo busca el sediento el agua, sino que el agua busca también al sediento" La sed y el agua surgieron del mismo movimiento original espiritual del universo. Tienen una dependencia parecida a la de la abeja y la salvia, cuya perfecta simbiosis ha sido descrita en la redacción genial de Jürgen Dahl. Tales simbiosis resultan de un desarrollo, que produce conjuntamente a ambas, a la salvia y a la abeja. Encontramos, una vez que prestamos atención, por todos lados en la vida esa afinidad y complementariedad íntima, para la que no encontraríamos explicación en un universo mecanicista. Dos cosas aparentemente separadas por completo la una de la otra forman una unidad en el sinuoso sistema universal holográfico, en el que el uno no podría existir sin el otro. La historia del sediento y del agua podría tener una continuación extensa. Por ejemplo ciertas plantas medicinales crecen allí, donde los seres humanos han construido sus residencias. Aún más: en el caso de ciertas enfermedades crónicas se observó que las plantas medicinales adecuadas para su curación se habían radicado alrededor de las casas de los pacientes. También aquí domina el eterno principio de resonancia del mundo espiritual. Nada existe por sí solo. El mundo externo y el interior de los seres humanos están en conexión íntima y en su origen son idénticos. Todos nosotros procedemos de ese origen, todos tenemos el conocimiento de ese origen almacenado en nuestro sistema celular, todos nosotros llevamos dentro un anhelo adecuado a la fuente.

Cuanto más claro podamos poner ante nuestro ojo mental-espiritual nuestros anhelos reales, nuestras visiones y propósitos reales, más claras veremos la imagen de una realidad, que espera ser atraída y creada por nosotros. Lo que vemos puede ser aún utopía, pero en tanto que la vemos, ya estamos en el camino de su realización. Cuando le digo a un paciente: "visualiza tu salud" y éste es capaz de ello, entonces sé que se halla en el camino de la curación. El paso de la visión a la realidad está en movimiento. Lo una vez visto se encuentra ahora en el estado de la manifestación. No se podría ver, si no estuviera (latente) disponible en la realidad. El Manifiesto de Haifa es el escrito de una gran certeza interior. Ya no es más solo un consuelo para apenados y abrumados, es una comprensión de la construcción del mundo.

Capítulo 4

Las comunidades del futuro

La comunidad como forma de vida universal

Sólo sobrevivirán las tribus.

Vine Deloria Jr. (Jefe indio)

La comunidad original de los seres humanos no es la familia sino la tribu. La comunidad original es el bancal humano, en el que se integra toda la vida humana incluida la familia. Esa comunidad es una parte de la Matriz Sagrada. En ella se une el orden cósmico con el orden social. No está unida a determinadas épocas o culturas, es un componente supra histórico de nuestra existencia humana-social. Sólo con violencia podía ser destruida y sólo cuando hayamos encontrado, un equivalente de igual valía que se corresponda con nuestra época, podemos reempezar a tener relaciones sanas entre nosotros.

La comunidad es el órgano universal, que ha experimentado la mayor herida. Es una parte necesaria del todo, que fue destruida a nivel mundial. En todas partes, en las que por medio de guerras de conquista y colonización se secuestraron personas, se las deportó, se las esclavizó o se las vendió, se destruyeron comunidades y con ello se aniquiló el nervio vital de pueblos enteros. Este proceso duró desde el asalto de los kurganes a los asentamientos fluviales neolíticos de hace 7000 años hasta la aniquilación de los pueblos indios de Norteamérica por la entrada de los europeos desde el siglo XVII y más allá hasta el presente, en el que en todos los continentes son deportados y aniquilados los últimos pueblos indígenas en nombre de intereses económicos. Con la caída de la comunidad humana se produjo una herida grave en la civilización humana. Con la destrucción de la comunidad, el ser humano perdió la verdadera moralidad y la responsabilidad. Las personas fueron arrancadas de la comunidad orgánica. Esto también la ha separado poco a poco de su propio ser superior, de su sabiduría superior y de sus órdenes de la vida superiores. La comunidad era y es la capa de humus natural para la confianza y la solidaridad. Cuando falta ese humus, el ser humano desarraigado se vuelve violento, malvado y enfermo.

La verdadera fuerza del individuo viene de la comunidad. Una individuación verdadera, que no tiene que servirse de ningún instrumento asocial, sólo puede tener lugar en la comunidad. La individualidad y la comunidad no son contrarios, sino que son interdependientes, lo uno no puede funcionar sin lo otro. La comunidad sin la individualidad lleva a un colectivismo asesino (ver fascismo), la individualidad sin comunidad lleva al despotismo individual o a la soledad de la bella alma. Sin comunidad falta el suelo materno para un desarrollo completo y sano del individuo. Sin comunidad hay en el desarrollo del individuo siempre una vibración de pérdida, de soledad, de miedo a la separación y en general de miedo. Una forma de expresión del alma solitaria fue por ejemplo el existencialismo francés. Nuestro miedo básico sólo lo podremos vencer con seguridad, cuando primero logremos, crear comunidades nuevas que funcionen. La comunidad es un escalón intermedio en la escala de la vida, que no puede ser eludido. Conecta al individuo con un orden superior y agudiza dentro de éste los sentidos para el todo. Una comunidad sana refleja en sí mismo un orden universal, con el que podemos unirnos más fácilmente. Por medio de esa unión obtiene una comunidad en funcionamiento su gran fuerza de creación de campo. Un arquetipo de ese orden lo encontramos en el círculo de piedras cerca de Évora. En las 92 (originalmente 96) piedras erigidas se refleja al mismo tiempo un orden tribal y un orden cosmológico, que posiblemente sea válido para todas las épocas (ver Sabine Lichtenfels en "Traumsteine"/ Piedras soñadoras).

La comunidad universal es un organismo unitario, los seres humanos individuales son sus órganos. El hígado actúa de manera diferente al riñón, el cerebro diferente al corazón y sin embargo forman parte todos del mismo organismo. Las personas, que viven en un organismo así, no viven según el principio de la comparación y la competencia, sino según el principio de la complementariedad. De otro modo el sistema no podría funcionar. En la medida en que el nuevo organismo va surgiendo, se va desarrollando en él una nueva instancia espiritual: el yo comunitario. En la jerarquía espiritual de la vida se sitúa en un nivel jerárquico superior al del yo individual. El yo comunitario contiene el conocimiento y la fuerza de todos los yos individuales. Contiene además el orden estructural de la sagrada matriz y por ello cuida de la capacidad de supervivencia de la comunidad. Todos los trabajadores, que pertenecen de modo permanente a la comunidad, están unidos al yo comunitario y a su poder espiritual y por ello tienen a su disposición capacidades vitales, que no habrían podido desarrollar por si mismos. Cuando entren de nuevo las primeras personas en la fase de la comunidad, cuando se logre de nuevo el pensar y actuar desde esa unión, se tendrá una gran fuerza de creación de campo y de sanación. En una comunidad universal vivida se desarrolla el conocimiento total de paz universal, que ya estuvo un día sobre la tierra y que se utiliza en la actualidad, para cambiar el mundo y las almas. Aprendemos las leyes de la paz universal, aprendiendo las reglas universales de la comunidad.

Individuo y colectivo

Las comunidades han caído hoy en día en descrédito. Se cree, que no son compatibles con una individualidad desarrollada. Forma parte del credo del mundo occidental, que la individualidad y el colectivo son dos opuestos irreconciliables. En realidad la cosa está mucho más diferenciada. La naturaleza produce realmente comunidades colectivas, en las que el individuo apenas juega ningún papel (manadas de animales etc.). Pero también produce comunidades, en las que el desarrollo de un individuo muy específico es la condición para el funcionamiento de la comunidad (biotopos, etc.). Yo las llamo comunidades "comunitarias". Cuando la gente de nuestra época se opone a las comunidades, piensan en comunidades colectivas, no en formas de comunidad comunitarias. En realidad, en la historia anterior de los seres humanos casi sólo hubo comunidades colectivas. El desarrollo del individuo, el proceso de individuación histórico, no había progresado aún suficientemente, como para que fueran posibles las comunidades comunitarias.

La comunidad universal es una comunidad comunitaria. Se la puede comparar con un organismo; cada individuo por separado son los órganos. Los órganos de un individuo sano tienen diversas tareas y funciones, el hígado actúa de forma diferente al riñón. El organismo es un sistema unitario, pero los órganos están caracterizados por la individualidad y la diferencia. La homogeneidad del organismo se logra por la individualidad y la diferencia de los órganos. Esto quiere decir con otras palabras: sólo puede crearse una comunidad sana si la formación de las individualidades es completa. La comunidad y el individuo no son opuestos, sino que se condicionan mutuamente. La condición de la comunidad universal es el individuo autónomo, la condición para el individuo autónomo es la comunidad. Este es el orden natural de las cosas en el plan de construcción del universo.

La construcción de comunidades del futuro capaces de sobrevivir depende siempre del propio desarrollo de los individuos implicados. Cuanto más se desarrollen sus individuos, menos se les podrá dominar con dogmas preconcebidos y falsas autoridades y más fácilmente reconocerán sus posibilidades de desarrollo en la comunidad. Una individuación profunda conducirá a todas las personas en algún momento, a no seguir viéndose como un ente privado, sino como un elemento orgánico de una comunidad de personas. Porque en la individuación las personas no sólo tienen la experiencia de aquello que les separa de los demás, sino también de lo que, en un nivel más profundo, les une con ellos. Se atreve a descubrirlo de nuevo y a aceptarlo. Como individuo encuentra su dimensión universal, como ser individual su conexión con el Todo-común.

Sin individuación no se forma ningún organismo sano, sino un colectivismo conformista, en donde no se promueven las diferencias individuales, sino que se las nivela. Los sistemas colectivos no toleran la autonomía individual, luchan interior y exteriormente contra todo, lo que no concuerda con su ideología. El proceso de la individuación tiene que ser reprimido, porque perturbaría la uniformidad prescrita. La cohesión interna se logra separándose de los otros y con la lucha contra los llamados "enemigos". Así surgieron los crueles sistemas colectivos de la historia hasta en el pasado más reciente: la iglesia cristiana, el fundamentalismo islámico, el comunismo ortodoxo, el nacionalsocialismo, todo tipo de racismo, pero también cosas tales como "la línea del partido", "una sana sensibilidad del pueblo", y una moral sexual burguesa. Hoy se hace confiar a los individuos en otros símbolos - símbolos de moda, estilo de vida,, consumo y comercio - pero el principio sigue siendo el mismo.

Hoy en día nos hallamos en un momento histórico decisivo en la creación de comunidades. Las antiguas estructuras ya no nos sirven, las nuevas tienen que ser inventadas primero. De su desarrollo dependerá, si el ser humano volverá a coger para sí los valores fundamentales de la vida en comunidad: la verdad, la confianza, la solidaridad y el apoyo mutuo. La comunidad de personas autónomas que esté funcionando es la base de de un mundo humano. En ella se desarrollará el amor sensual y espiritual de un modo nuevo, pues el amor personal empieza a florecer, donde empezamos a reconocernos mutuamente en lo que tenemos de peculiar e individual. Una comunidad madura protegerá siempre ese amor.

Confianza como cualidad de vida

Los Biotopos de Curación son "invernaderos de la confianza". Este es su significado más profundo. Las comunidades funcionan, cuando existe la confianza entre sus miembros; no funcionan o sólo funcionan aparentemente, cuando no hay confianza entre sus miembros. Se derrumban, cuando la confianza se había logrado a cambio de adaptación o de hipocresía. Todas las capacidades de supervivencia desarrolladas por una comunidad del futuro serán duraderamente efectivas en la medida en que exista confianza en la comunidad. Todos los métodos, que desarrolle una comunidad para su cohesión interna, se medirán al final en si son capaces de aumentar la verdadera sustancia de la confianza. Esta es la escala de medición. La confianza es la fuerza central de una comunidad. Sin confianza puede que produzca grandes resultados de forma transitoria, pero a largo plazo se hundirá. Del valor que tiene esta escala de medición, nos dimos cuenta nosotros mismos, en los cientos de ejercicios y prácticas, fiestas y rituales, saunas y noches de juerga. El que se produzca una sanación verdadera en una comunidad o el que ésta progrese en humanidad, en política o intelectualmente depende de la confianza entre los miembros. La confianza entre hombre y mujer, entre amantes, entre adultos y niños, confianza con las autoridades y con los directores, confianza entre centro y periferia, entre los diferentes grupos del proyecto y grupos de edades diferentes. El que la sexualidad libre sea buena o mala, depende de si en la comunidad se crea confianza. También depende de ello, si estará bien o mal introducir una caja común. Hoy en día intentamos solucionar muchas cosas con eslóganes o con organización. Una organización será buena o mala, dependiendo de la confianza de sus miembros. Hemos tenido mucho tiempo, para descubrir contextos, en los que puede surgir la verdadera confianza entre las personas. Fueron preparaciones teatrales conjuntas, viajes juntos, baños conjuntos en invierno, largos partidos de voleibol, actuaciones públicas conjuntas, sesiones de pintura conjuntas en basureros, ayunos conjuntos, enfermedades conjuntas, entusiasmos conjuntos. Sobre todo los cursos de arte y los cursos espirituales, crearon un sentimiento especial de unión hasta sentir el amor. El medio más destacado, para crear en un grupo transparencia y confianza, fue desde el principio el conocido ahora como forum o auto-representación (SD o Selbstdarstellung en alemán). No tenemos ninguna receta patentada. Hemos probado –cómo se describió en el capítulo 6, Tomo I - nuevas vías de vivir una vida sin miedo. No podemos señalar ningún resultado como producto de un método determinado. En total se creó en la comunidad una capa colectiva de humus de confianza, que lentamente aumentó por sí misma.

La confianza tiene mucho que ver en un nivel profundo con la verdad humana, con la transparencia y con la capacidad de hacerse accesible a los demás, con la disponibilidad a ser visto. Ser visto de verdad quiere decir la mayoría de las veces: ser aceptado. Para crear confianza hay un alto mandamiento: todos los procesos esenciales del grupo tienen que ser hechos transparentes. No tienen que haber luchas o complicidades por dinero, poder o sexo. La creación de confianza no es nada fácil. La canción de cuna con la que hoy en día con cualquier motivo caemos en brazos unos de otros y celebramos flujos de calor, donde no los hay, no es el método más apropiado. Muchos grupos se rompen por la exagerada dulzura, con la que se cubren sus heridas, sin curarlas. El que tenga el coraje de levantarse contra costumbres heredadas de hipocresía y de adulación, tendrá que aguantar mucho tiempo. Los grupos necesitan un concepto intelectual-espiritual y humano muy desarrollado, para poder crear verdadera confianza. Si no tienen ningún plan, si confían en el desarrollo espontáneo de sus emociones positivas, siempre se impondrán al final los antiguos poderes. Casi todos los grupos del siglo XX se han roto por culpa de conflictos irresueltos de sexo, amor, poder, dinero y reconocimiento. En vista de esta realidad histórica, el tema de la confianza se ha vuelto un tema básico de nuestra existencia futura. Por ello tuvimos que desarrollar los métodos extravagantes, que describí en el capítulo 6, Tomo I.

La confianza es la fuerza sanadora primaria del alma. Si hay plena confianza no se necesita ni la psicoterapia ni ningún método especial. El alma se cura por si misma, si puede respirar y permanecer en confianza. No hay ningún poder, que ponga en marcha con más fuerza las energías auto curativas de la vida, que el poder de la confianza.

Para la formación de comunidad en la nueva cultura no hay ningún objetivo más elevado que el de crear confianza. Ésta es una aventura sin igual, pues las cualidades aprendidas, que nos traemos de la sociedad existente son poco apropiadas para ello. Nos teníamos que camuflar, para poder sobrevivir. Para aprender otra vez la confianza, que afianza nuestras fuerzas para la paz y nos asegura nuestra supervivencia, necesitamos comunidades que funcionen. Para la construcción de comunidades del futuro convocamos paso a paso al conocimiento sagrado, que nos capacita, para ponernos de nuevo en contacto con las fuerzas universales y con los órdenes superiores de la vida. Con ello entramos en el escalón más alto de la confianza: la cooperación de confianza, real, diaria con las fuerzas divinas. Antes deberíamos haber limpiado las vías de tránsito entre nosotros. ¡Ojalá los dos próximos párrafos muestren aún más claramente las posibilidades que tenemos para ello!

La comunidad como camino de iluminación

*La verdadera comunidad con las personas
tiene que originarse a causa de una participación cósmica.
No son las obras especiales del yo sino los objetivos de la humanidad
las que generan la comunidad duradera entre las personas.*

(I Ching)

El espíritu de la comunidad forma parte de las fuerzas de supervivencia más poderosas. Donde podemos sustituir un yo por un nosotros verdadero, empieza una existencia distinta. La biografía privada se sustituye por la comunitaria. Éste es uno de los pasos de nivel cruciales de la antigua a la nueva forma de vida. Otros cruces parecidos sólo existen en el ámbito del Eros y en el de la religión. Muchas personas, también las comprometidas, necesitan décadas, para comprender el cambio y para llevarlo a cabo. Tras la explicación del capítulo anterior no es ningún milagro. Las estructuras convencionales de la convivencia social forzaron a las personas individualmente, a protegerse de los demás, en vez de a abrirse. Estos mecanismos de protección se convirtieron en un estado natural, de modo que apenas podían imaginarse ninguna otra forma de existencia. Quizá sí se imaginaban el navegar con doce personas, o una experiencia de diez días en el desierto, un campamento base conjunto en la montaña, quizá incluso un grupo de varias semanas en un grupo de auto-conocimiento, esto es imaginable - pero ¿comunidad para toda la vida, siempre con la misma gente? Quizá podamos aliviar las preocupaciones, si contemplamos desde más cerca, lo que en el futuro significará la comunidad.

La comunidad es un camino para la iluminación. Esta iluminación, como la mayoría de las iluminaciones, tiene un aspecto más sobrio de lo que uno se habría imaginado tras un primer "viaje" de LSD. No trae enseguida la luz eterna, pero trae una cualidad humana nueva, en la que podemos confiar. Nos convertimos en personas, en las que se puede confiar. Los otros lo notan. También se da cuenta la diosa, porque ama a estas personas. Las personas, que han vivido mucho tiempo en comunidad, dejan de decir cosas inútiles.

Las comunidades a las que nos referimos aquí no son estáticas, no se quedan quietas, sino que se encuentran en un crecimiento continuo. Crecen hasta un tamaño crítico y ahí se dividen de nuevo, para poder seguir creciendo en libertad. No necesitamos especular sobre dónde está el tamaño crítico, ya nos daremos cuenta. Según mi experiencia no está en 50, como se afirma a menudo, sino más bien en 500 y quizá más allá. Depende de lo fuerte que sea la idea, que ha conducido a la gente a juntarse y de la fuerza que tenga la gente, que forme el círculo de los líderes representantes. El límite más alto se alcanza, cuando las personas empiezan a no conocerse. Este podría ser el caso desde un tamaño de aproximadamente 3000. Con ello llegaríamos a un tamaño máximo de las colonias futuras, que correspondería aproximadamente a la mayor colonia de la época neolítica, siempre y cuando hayan sido construidas orgánicamente y no bajo el dominio de la violencia masculina. Los primeros Biotopos de Curación tendrán al principio unos pocos cientos de personas. Con todo y con ello: suficiente, para seguir enamorándose y encontrar parejas interesantes. Con la elección de la llamada pareja para toda la vida se puede uno tomar un poco de tiempo, porque de todas formas nos quedamos juntos. Ese hecho real de quedarse juntos, tiene para el alma un significado profundo y muy poco habitual. Ya no necesitamos cegar al otro. Podemos tomarnos tiempo para profundidades. Nadie está forzado, a casarse enseguida después de pasar juntos algunas noches fantásticas. Las cuestiones básicas de la vida se tranquilizan de manera sobria. Con la continuidad de la vida conjunta adquieren las personas otras caras. Ya no podemos pensar en tener a alguien para nosotros mismos, ni sexualmente ni de otras maneras. Sentimos, qué tipo de personas vive en la Tierra, con qué temas y los sitios que tienen en la comunidad que le dan las mejores posibilidades de desarrollo. Intuimos, qué personas concretas pertenecen al mismo grupo cósmico a causa de lo cual están unidas entre sí de modo especialmente profundo. Vemos los posibles círculos de amistades y dejamos de poner zancadillas. Vemos las posibilidades que se dan en una comunidad, tan pronto como se ha sobrepasado claramente el límite mínimo de 20 y se ha entrado en el estadio consciente de querer comunidad. La solidaridad humana y el apoyo mutuo aparecen por si mismos, cuando se ha estado junto el tiempo suficiente y se ha tenido tiempo suficiente, para verse detrás de todas las máscaras. La ética del amor al prójimo ya no surge de un libro de leyes de tipo moral, como el de los diez mandamientos, sino de la vida comunitaria orgánica de las personas. Ahí se vuelven algunos objetivos morales, por los que antes siendo cristiano, se han tenido que luchar durante mucho tiempo, increíblemente fáciles. La participación en el yo comunitario es la participación en un orden superior, en el que reencontramos los valores, que habían sido destruidos globalmente por un desarrollo falso de la cultura. Los valores más elevados son la confianza y la cooperación. Estos aseguran la supervivencia de la comunidad más que todo lo demás. Constituyen la base para la práctica espiritual vital necesaria. Para la supervivencia de los próximos tiempos apocalípticos necesitamos fuerzas espirituales. Pero la espiritualidad sana presupone relaciones sanas, sinceras, humanas. Uno de los factores principales en ello es la verdad en el sexo y en el amor. Quiero decirlo de nuevo en este punto: el ser humano aprenderá, a ser verdad, en lo que hasta ahora más tenía que engañar, en las áreas del sexo y del amor. Tendrá que aprenderlo en la medida, en que forme parte de una comunidad verdadera. No nos referimos a una verdad moral o de confesión, la vida está llena de alegría juguetona y de travesura; nos referimos a una verdad interior, verdadera, verdad existencial, que tiene lugar en las relaciones humanas, cuando ya no se tienen que mentir el uno al otro. Quizá no haya un alivio mayor que éste.

Trabajo por la paz en la comunidad

Si queremos tener paz en la Tierra, necesitamos comunidades que funcionen. Si queremos comunidades que funcionen, necesitamos - dicho de modo simple - una revolución de la imagen humana actual y de nuestra idea actual de la vida. Esto tendría que deducirse de todas las explicaciones dadas hasta ahora en este libro.

La paz y la sanación son conceptos que casi significan lo mismo. Cuando hablo de paz, no me refiero a confesiones hechas con la boca pequeña, ni a indignación moral sobre la injusticia actual, sino a la paz verdadera, que nos llena de alegría y de fuerza interior. Se trata de una fuerza, que ya no tiene más miedo de las fuerzas de la violencia, porque es capaz de hacer frente a ellas y superarlas. La construcción de esa fuerza de paz está unida a un amplio y nuevo proceso de conocimiento. Sólo podemos producir hacia fuera tanta paz, como tengamos dentro y sólo podemos poner en movimiento hacia afuera aquellas fuerzas de sanación, que promovamos y realicemos en nosotros mismos y en nuestras comunidades.

El trabajo por la paz en la comunidad es un trabajo de sanación recíproco y de apoyo mutuo de las personas implicadas. Una comunidad contiene en sí misma una fuerza por la paz en crecimiento, en tanto que sus miembros cultivan un trato sanador entre sí. Sanador quiere decir: creativo, con sentido del humor, vivo y sincero. Nosotros necesitamos en nuestro proyecto de comunidad muchos años de aprendizaje, para averiguar, lo que significa la fuerza de paz activa, que es más que la falta de discordia. El verdadero camino por la paz consiste en un aumento interior de una fuerza **espiritual,** sólo por medio de la cual es posible la confianza verdadera, la verdadera comunidad y el verdadero amor libre (ver capítulo 6, Tomo I).

Una comunidad se volverá más sana y más poderosa, cuanto mejor haya resuelto el tema de la confianza y del amor. Para el tema del amor necesitamos una excursión amplia al país del alma. Fred Frerk, conductor de kayac, jugador de balonmano, fontanero y uno de los verdaderos paquetes de fuerza de Tamera, dijo. "El último puesto fronterizo para un trabajador fronterizo es el amor." Se ha dado cuenta - como muchos otros que se comprometieron con nuestra aventura - de que realmente es capaz de amar. A su compañera de muchos años, la bailadora del vientre, Birgit Schenscher de Stuttgart, la entusiasmó con su fuerza y la confundió con su desamparo, la enfadó con su manera de agarrarse y la conmovió profundamente con su perseverancia. Él con ella y ella con él celebrarán las bodas químicas. Tamera es un proyecto para el encuentro de todos los amantes, da igual cuánto se hayan malentendido y maltratado. A veces son razonables las separaciones transitorias. Este gran paréntesis, éste tiempo de reflexión lo necesitamos a veces, para comprender, lo que se entiende por amor. Sólo cuando comprendamos esto, entenderemos el sentido de la cultura venidera. Pero los amantes, que se haya separado por un tiempo, deberán tener la posibilidad de encontrarse de nuevo en un plano diferente. Este es un propósito de las comunidades que planeamos.

El amor es más que emoción. La mayoría de las emociones impiden más bien nuestro camino hacia el amor. Con la represión de los verdaderos sentimientos se inundó la vida humana de sentimientos falsos. Así se ha pegado a nuestra alma y nuestro cuerpo un cuerpo emocional, que siempre reacciona, antes de que se haya percibido y comprendido algo realmente. Este cuerpo emocional es alabado hoy en día por sus supuestas capacidades sinceras y espontáneas. Lo que produce el cuerpo emocional, se le llama ahora "cultura" o "literatura" o "música" o "amor". En realidad oculta todo el odio, toda la decepción, toda la desconfianza, que se han amontonado durante una época histórica muy abrumadora. El cuerpo emocional es embellecido en todos los medios de comunicación, se le protege del análisis intelectual calificando al pensamiento de "mierda mental". La mayoría de los medios de comunicación de nuestro tiempo están de acuerdo en la lucha contra el pensamiento auténtico y fomentan de una forma u otra el cuerpo emocional. Cuanto más denso es el cuerpo emocional, más delgada es la fuerza de pensamiento. Es una tarea de nuestras escuelas venideras, **el mostrarnos a nosotros y a nuestros alumnos, un camino por el que podamos disolver el cuerpo emocional, sin perder la fuerza de nuestro corazón.** Éste es, dado el estado actual de nuestro desarrollo histórico, una condición para el aprendizaje real, la verdadera apertura, la confianza **real** y el amor real.

El amor, en el que tenemos la mirada puesta, surge de un largo proceso de experiencia, de percepción mutua y reconocimiento. A menudo por mucha desesperación y nueva esperanza, por rabia contra personas muy especiales y por agradecimiento posterior a las mismas. Es un proceso intelectual, que nos lleva a desmontar nuestras emociones, nuestra obstinación, nuestra rabia, nuestra vanidad, nuestra envidia, nuestra fervorosa alegría por el fracaso de los demás (que todos nosotros compartimos), nuestra arrogancia y nuestra condena irreflexiva. Éste es el comienzo de una evolución que se basa en la lenta revelación de lo que llamamos "amor".

En comunidades que funcionan surge una institución intelectual-espiritual invisible, que va cambiando y haciéndose cargo, de forma lenta pero segura, de nuestros pensamientos y decisiones que hasta ahora eran privados. Yo llamo a esa instancia **"el yo comunitario"**. Aquellos, que empezaron a hacerse responsables y a servir a la comunidad como una totalidad, participan de ese plano superior de conciencia, al que me he referido como "yo comunitario". Ahora empieza un proceso interno de reconocimiento y de sanación, que es más profundo y más verdadero que las medidas terapéuticas externas. Nos seguimos orientando a nuestros llamados intereses "personales", pero sentimos, buscamos y encontramos cada vez más conexión con "los otros". Empezamos a mirar "más allá de nuestras narices" para interesarnos sinceramente por la vida de los otros. Es una experiencia muy personal y mayoritariamente nueva.

"Los otros", que empezamos a ver ahora: son los miembros de nuestra comunidad, los invitados que nos visitan y los amigos; pero también son nuestros hermanos y hermanas en Ucrania, Chechenia, Bosnia, en Kosovo…A veces también volvemos a descubrir a personas, que habíamos olvidado hace mucho tiempo, personas de nuestra propia historia biográfica, antiguos amigos, parientes, amantes.

Este tipo de participación en la vida de otros es totalmente nuevo para muchos, que hoy quieren entrar en comunidades. Vienen de un mundo carente de patria, un mundo de soledad y de desconfianza, en el que sólo con sus fuerzas egolátricas se podían mantener a flote. Primero intentan continuar la costumbre de los juegos del ego en la comunidad. Si es una buena comunidad, se dan cuenta de que así no van a llegar muy lejos. Su egoísmo, por el que valientemente se decidieron a consecuencia de sus muchas decepciones en la vida, ya no tiene ningún sentido, ninguna ventaja evolutiva. Entonces viene el punto decisivo interno, cuando uno se decide por las posibilidades de vida que nos da el mundo antiguo o por las del nuevo. Muchos se deciden aún por el antiguo, pero no pierden de vista el nuevo, que le ofrecemos para hacer el cambio quizá justo a tiempo.

Las comunidades del futuro necesitan un conocimiento y un concepto, que los saque de manera elemental del pensamiento habitual de nuestro tiempo. Habitual quiere decir hoy en día – en vista de la situación global e histórica de nuestro tiempo- quedarse paralizado en las viejas ideas de satisfacción amorosa personal, de vida familiar intacta y de niños guapos. ¡Qué hermoso mundo habría podido surgir, en el sudoeste de los EEUU, si los constructores del "home sweet dome" no hubieran tenido un concepto sentimental, sino uno realista, revolucionario! Cuando los miembros de una comunidad – tras construir sus casas y jardines comunitariamente - siguen adelante con sus formas de pensar habituales, sus ideas sobre el amor, la patria, sus viejos juegos del ego o de la obstinación y de la competencia, no puede surgir a la larga ni fuerza de paz ni un plan de supervivencia aún cuando sus casas y jardines sean tan bonitos. No hay duda: todos nosotros seguimos amando los románticos tilos ante el portal, los manantiales que fluyen y los pabellones del amor; ahí se encuentran sentimientos, que no queremos perder, pero sabemos, que esto no basta para salvarnos a nosotros y a nuestro mundo. Ambos reyes infantiles, que no podían juntarse en la canción popular alemana, sólo lograrán encontrarse el uno al otro, cuando hayamos creado las condiciones necesarias para ello.

Se trata del primer cambio del punto de montaje interno: el cambio del ego-yo al yo comunitario. Este cambio aún no se ha cerrado en ninguna comunidad. Porque no se trata de ningún proceso individual, que tenga que llevar a término cada cual por sí mismo, sino que se trata de un proceso histórico, que acaba de comenzar. No podemos saltarnos este escalón histórico, si queremos sobrevivir. Tenemos que ir por el camino del yo comunitario, porque los antiguos conceptos colectivos de la comunidad ya no son utilizables y porque los nuevos planes del yo individual y del individuo autónomo, como se desarrollaron sobre todo en los siglos XIX y XX, eran falsos desde el principio desde el punto de vista antropológico. Estaban conectados a una falsa imagen humana - individualista en vez de comunitaria. Sin embargo, en el mundo del Universo no hay ningún ser privado, porque todo ser es comunitario. Y sólo desde esta base se pueden desarrollar libremente las fuerzas individuales, que todo sistema comunitario necesita para su supervivencia. Autonomía individual y comunidad no son contradictorias, sino que presuponen y se complementan la una a la otra (ver capítulo 1, Tomo II "individualidad"). La libertad ansiada del individuo, conectada con el concepto de la autonomía, sólo puede realizarse en conexión con la comunidad. La individualidad que funciona no es una empresa privada, sino una empresa comunitaria. El individuo que funciona no es un sistema aislado, sino que crece de un tejido de diversas relaciones y contactos. Sólo en una comunidad en funcionamiento se puede arriesgar una persona, a dejar su máscara y mostrarse cómo él o ella es realmente. Esa liberación de la antigua obligación de asumir un papel es la primera condición para el desarrollo de una persona autónoma, que dispone de sí y su propia vida. Les deseo a todos los participantes ese descubrimiento y ese alivio.

La comunidad futura empieza con la comunidad entre personas; pero ahí donde es vivida y comprendida, ya no tiene más límites. Estamos conectados con toda la vida, cuando estamos en conexión con los otros, pues somos seres universales y nuestra comunidad es a fin de cuentas - la comunidad de todos los seres vivos. En la unión con el todo encuentra cada uno su más elevada realización y su fuerza más elevada.

Esta es una frase de poder para el futuro: en la conexión con el todo encuentra cada ser individual su fuerza más elevada y su perfección. Teilhard de Chardin dijo: "El Ser más elevado es el que está en estado de amplia unión". En la conexión de cada ser individual con la comunidad se abre un nuevo manantial.

La formación del yo comunitario es el comienzo del rebase de límites de los involucrados. Quizá sea nuevo en el pensamiento sobre sanación de nuestro tiempo, el que el esperado ensanchamiento de nuestros límites no se logra con ejercicios en privado, ni con interioridad esotérica y tampoco con terapia, sino con conexión a la comunidad. Con ese tránsito de la biografía privada a la comunitaria se inicia el proceso de sanación decisivo. Nace el yo comunitario y en mi interior una nueva perspectiva para mi propia vida. "Crezco más allá de mi ser". Surge la visión real del Ser único y de la comunidad de todas las criaturas. Nos vamos dando cuenta poco a poco, de que también llevamos realmente una existencia común con los animales, con las plantas, con todo lo que vive y también con todos los seres que no podemos ver físicamente, en nuestra encarnación terrenal. El Yo comunitario se desarrolla paso a paso e incluye cada vez más al universo dentro de sí. Empezamos de nuevo a desplegar la vida y a redescubrir nuevamente los contextos. Este proceso no puede terminar, antes de haber llegado a la fuente, de la que todos procedemos, y esta fuente es el todo del universo vivo, es la vida eterna, es la divinidad eterna.

Las personas, que han entrado en este proceso y que lo han comprendido interiormente, se encuentran en un desarrollo especial, ganan en humanidad sincera. Desarrollan la cualidad de ayudar a los otros con palabras o con acciones sencillas. Ayudando a los otros, están en el camino seguro de ayudarse a sí mismos. Dijimos en una de nuestras comunidades del comienzo: "el Tao es el camino que no se puede abandonar; el camino que se puede abandonar no es Tao". Creo que en las últimas frases se ha dicho algo sobre ese camino. El yo comunitario está por encima de las posibilidades del yo individual. El yo comunitario desarrolla capacidades, que un yo individual no sería capaz de ejecutar o sólo lo lograría tras ejercitarse mucho, por ejemplo la facultad de resistir en tiempos de necesidad, de superar las crisis, de amar sin celos, de no odiar a los enemigos, de abandonar los pensamientos de venganza y de mucho más. Cuanta más conexión tiene la persona individual con el Yo comunitario, más válida es la ley de la creación de campos, que conocimos tan profundamente en los años ochenta en la fase de proyecto de Schwand. Es la ley, según la cual no tenemos que hacer ni que alcanzar nada con las propias fuerzas, si logramos que las fuerzas comunitarias de la comunidad, las fuerzas del Ser y las fuerzas de creación del universo se pongan en marcha. En esto es en lo que consiste en gran parte nuestra teoría política para el trabajo de curación global, y en esto consiste también la alta posibilidad de sobrevivir en los tiempos difíciles de las comunidades que están funcionando. No hay razón de morir, si se está bien enraizado. Cuanto mayor sea nuestra conexión, mayor será también nuestra invulnerabilidad. La forma original de la unión y de la protección es la comunidad humana.

La autarquía de la comunidad

¿Qué nivel de autarquía y de autonomía tiene que tener una comunidad, para poder sobrevivir en las próximas décadas? ¿Durante cuánto tiempo podrá seguir siendo aún dependiente de las redes de abastecimiento existentes? ¿En qué ámbitos debería aspirarse a la autarquía completa lo más rápidamente posible?

La autarquía completa sólo será necesaria en todos los ámbitos, cuando los sistemas de abastecimiento y financieros se hayan derrumbado completamente. No sabemos, cuándo ocurrirá esto y no necesitamos saberlo de momento. Es importante la autarquía en sectores como el agua, la energía y la curación (y cada vez más en la alimentación). Tendría que lograrse tan pronto como fuera posible en las comunidades y los centros del futuro.

Agua: un abastecimiento de agua de fuentes o cisternas propias es necesario, para garantizar tanto la cantidad necesaria, como la calidad necesaria del agua potable. La cantidad de agua de manantial y subterránea puede ser regulada según los conocimientos y los métodos de Schauberger (ver "Naturenergien"/ Energías Naturales de Callum Coats); probablemente se pueda a través de adecuadas plantaciones y sombreados como también con la influencia apropiada de las corrientes telúricas (corrientes energéticas dentro y sobre la Tierra) asegurar la cantidad mínima necesaria, siempre que se pueda disponer libremente del agua y de las tierras. En Schauberger encontramos además informaciones interesantes sobre la creación de agua. En cuanto sepamos más, no se podrá rechazar, que un día podamos crear por nosotros mismos las condiciones para la producción de agua. La calidad necesaria también podrá ser asegurada, si conectamos los métodos de Schauberger con los conocimientos antroposóficos (Rudolf Steiner, Theodor Schwenk) y con los métodos técnicos y espirituales de los modernos sanadores del agua (Plocher, entre otros). Por medio de métodos adecuados para remolinar e introducir información, con la creación de determinados campos vibratorios y limpieza psíquica, con la instalación artificial de pequeñas cataratas de aguas bravas, que se parezcan a las de la naturaleza, se puede transformar también agua turbia en agua potable. Pues también el agua es un cuerpo vivo. Además todos los riachuelos y los estanques tienen también sus devas acuáticas, a las que podemos con gusto pedir cooperación.

Energía: las comunidades del futuro desarrollan sus propios sistemas de energía, que se diferenciarán espiritual y técnicamente de los sistemas normales de abastecimiento de energía. Nuevas posibilidades de obtención de energía ya se hicieron visibles hace cien años con los trabajos de Nikola Tesla. Todo, lo que desde entonces se investigó bajo las denominaciones de "energía libre", "energía cósmica", "energía de los taquiones" etc., terminan con el intento de obtener energía útil directamente del la energía cósmica que existe en todos los lugares del cosmos. Los "Methernita" en Suiza, la gente de Damanhur en el Norte de Italia y otros grupos trabajan con esta idea, en parte con sistemas que ya están funcionando. En América y en Japón existen también ya los primeros motores de energía libre con al parecer una eficiencia de unos cientos de caballos de vapor. Sólo es una cuestión de tiempo, cuando se creará un campo general de obtención de energía autárquica para la tecnología alternativa. Las formas normales de obtención de energía de la energía del agua, atómica o de los materiales fósiles no se toman en consideración en gran parte por su daño al medio ambiente y su forma bárbara de producción. Tampoco se podrá seguir llenando ya el depósito de los coches durante mucho tiempo ya con la gasolina normal, desde que se conocen cada vez más las condiciones bajo las que se extrae y se transporta hoy en día el petróleo.

Ante nosotros tenemos un aspecto fundamental de la cuestión de la autarquía: ¿durante cuánto tiempo y en qué medida podemos responder aún al hecho de estar viviendo de cosas que se producen bajo condiciones tan inhumanas? Los Biotopos de Curación futuros sólo podrán funcionar completamente según nuestra teoría política, cuando su información sobre la paz esté libre de contradicciones (capítulo 5, Tomo II). Pero no está libre de contradicciones, mientras que usemos productos, en los que hay pegada tanta sangre y que por ello nosotros mismos nos convertimos en cómplices. **La autarquía surge hoy en día forzosamente también por motivos éticos.** No nos sabría bien la leche UHT, si tuviéramos presente las condiciones de su producción. Pero por desgracia lo mismo es válido para muchos aparatos técnicos, que forman parte natural de nuestros hogares. Las empresas que los producen, son casi todas asociaciones criminales en el sentido de la explotación organizada y de la destrucción de la vida que causan. La cuestión simple es cada vez más clara y frecuente: ¿con quién queremos cooperar, con la naturaleza o con las empresas?

Curación: la construcción de un ámbito de curación propio se produce por sí mismo de las explicaciones de este libro. La exigencia de productos que no sean cómplices, requiere que nos vayamos separando poco a poco de los productos de la industria farmacéutica. Los conocimientos de curación de las nuevas comunidades posibilitan otros métodos completamente nuevos a los de la medicina establecida. Las ideas sobre la vida, que están unidas a la nueva matriz, requieren en su conjunto un debate completamente diferente con el tema enfermedad y salud a como es normal en la sociedad existente. Supongo, que de todos modos en Biotopos de Curación bien llevados las enfermedades del tipo antiguo no existirán por mucho más tiempo. El trato de las personas entre sí, la renovada confianza en la vida, el desatasco de los órganos por efecto de la sexualidad libre, la cooperación con la naturaleza, la alimentación saludable y el uso de las plantas sanadoras locales serán en general suficiente, para producir cuerpos y almas sanas.

Un sector importante de la autarquía es el de la escuela, la formación, la formación profesional, la investigación y el aprendizaje de un oficio. Está claro, que a la larga los niños de las comunidades futuras no pueden ir a las escuelas normales con las materias de enseñanza normales. Necesitan para su creatividad y búsqueda de sentido un programa de aprendizaje completamente distinto, en la naturaleza, la investigación y el arte. También está claro, que los jóvenes no pueden seguir yendo a los centros de formación de la sociedad burguesa, porque allí no reciben la formación, que necesitan como futuros trabajadores por la paz. En todas las comunidades de mayor tamaño se crearán guarderías, escuelas, centros de formación de oficios manuales, laboratorios de investigación y universidades, donde el trabajo personal seguirá desarrollando los principios de investigación necesarios de la nueva civilización.

Estamos en un proceso, en el que nos tenemos que despedir cada vez más intensamente de las costumbres de consumo y de vida del mundo antiguo. La ley de la autarquía exige una forma de vida más sobria. También es necesario por motivos espirituales. Es sorprendente ver lo rápido y lo sencillamente que una sociedad puede transformarse según las nuevas exigencias, en cuanto "caen en la cuenta". El desarrollo consecuente de un modelo de consumo libre de complicidad y de violencia requiere de todos los afectados una decisión básica, con la que podrán crecer de manera cada vez más sólida en los programas de la Matriz Sagrada. Gozar de la abundancia de la Tierra, cuidar de la capacidad de gozar y al mismo tiempo desarrollar un modelo de consumo libre de violencia es un futuro interesante.

Los niños en la comunidad

Sabemos que proceden de un espacio existencial diferente,
los observaremos, y aprenderemos mucho de ellos.
Les ofreceremos orientación, pero no los pondremos bajo tutela.
Tendremos cuidado, de que cambien con toda cautela
a un nuevo espacio de existencia
y que en el cambio olviden lo menos posible.

Sabine Lichtenfels

Comienzo con una observación muy conservadora: los niños necesitan una persona, a la que llamar de todo corazón MAMÁ y también desean tener otra persona, a la que poder llamar PAPÁ de todo corazón. Esta es una estructura arquetípica inmanente a la vida, que se tiene que cumplir, para posibilitar al niño un crecimiento sano, libre de temor y en seguridad. Esto quiere decir con otras palabras: el niño necesita estructuras estables, personas de referencia estables y un nido hogareño estable. Cuanto más estable sea este nido, con más seguridad podrá salir al mundo más tarde y llevar a cabo sus exploraciones. Como un cachorro de gato tambaleante necesita la posibilidad, de después siempre poder volver al nido estable. Esta comprobación es contraria al modo, en cómo y dónde se traen al mundo hoy en día a los bebés. La mayoría son apátridas desde el principio. Las estructuras fijas, que necesita el niño, no son la norma ni en los hogares conservadores ni en los liberales. Los padres, cuya vida amorosa está apagada, pueden ofrecer un hogar estable, pero no muy cálido.

En las comunidades del futuro que funcionan el hogar de los niños no se limitará a la familia, porque alrededor existirá una comunidad interesante. Los niños, que se siente bien establecidos, tienen una concepción de la familia muy generosa. Se buscan a veces por pura diversión otras madres y otros padres, con los que viven durante un tiempo, hasta que quizá después se busquen otros. Pero eso es normal, cuando hay confianza entre los adultos, también confían en ellos los niños. Los niños aumentan como aventureros día a día su terreno y su familia, cuando pueden confiar. La base para un crecimiento sano de los niños es la convivencia sana de los adultos. Esto hace tiempo que no se da bajo las condiciones sociales de la matriz antigua. Los niños necesitan para un crecimiento interno sano la vecindad humana de una fuerte y buena comunidad.

Los niños son seres cósmicos como nosotros. No vienen al mundo como una hoja de papel no escrita ni como dulces bebés, sino como seres espiritualmente crecidos con una experiencia kármica más o menos larga. Visto así no sabemos si son más jóvenes o más viejos que nosotros. El bebé recién nacido ante mí, podría ser mi bisabuelo. Entonces ¿es más joven o más viejo que yo? Esta pregunta sobre la edad según el calendario no tiene sentido, haríamos bien en orientarnos al ser espiritual de nuestros hijos y no empequeñecerlos artificialmente. Podemos aprender mucho de ellos, si los vemos como seres cósmicos. Podemos ver, cómo su tipo de contemplación del universo aún está ligado a recuerdos cósmicos. Reconocemos la impresionante viveza, con la que miran a veces el movimiento de las hojas de los árboles o de las nubes al pasar. A veces están como en un verdadero "flipe", a veces nos haría bien sumarnos a ese "flipe". De esa manera podríamos encontrar más sencillamente el espacio interior que nos une al "más allá" del que vienen. Muchas de las cosas, que los niños dicen para sí proceden aún de las experiencias del "otro lado". Han olvidado muchas cosas, pero aún conocen el aura, la energía esférica y la luz. Se sorprenden, de lo que encuentran en la Tierra. Si pudiéramos mirar con la novedad que ellos lo hacen, se nos abrirían los ojos todos los días.

Los niños viven en contacto directo, con todo lo que vive o lo que consideran vivo. Aprenden observando y participando. Pero tienen su propio modo de hacerlo. Sino no podrían aprender en dos años su lengua materna, sin tener que esforzarse para ello. Tenemos que aprender cómo lo hacen, porque nos están demostrando con ello una manera de aprender y de vivir, que un día podría llegar a ser la nuestra, si queremos ver liberada nuestra vida del estrés.

Los niños tienen que ser protegidos forzosamente de los muchos deseos de contacto de los adultos. Sobre todo se les debe proteger de las relaciones tempranas personales e individuales, que a los adultos les gusta tener con ellos. Una madre, que tiene desde demasiado pronto una relación personal posesiva con su hijo, le roba una parte de su libertad y ata al niño a sí misma en vez de al mundo. El niño reaccionará al deseo de relación, se volverá exigente, impaciente, lloriqueante, chantajista. Llorará, pero no porque tenga dolores, sino de rabia. Todo el mundo está repleto ahora del grito de rabia de los niños. Todos tienen padres que han desarrollado demasiado pronto una relación personal, casi simétrica con sus hijos. Por este camino los niños pierden ya desde muy pronto sus modelos y posibilidades de orientación en la Tierra. Sólo tienen que llorar y ya tienen a un adulto a su lado. Este modo de sobreprotección es veneno para el libre desarrollo de un niño. Si el niño pudiera darse cuenta de este contexto, prorrumpiría en una oración suplicante: "Por favor, no corráis tras de mi, sólo porque esté llorando. No necesito marionetas. Sed el ancla, al que siempre pueda volver. Os necesito, tengo que poder confiar en vosotros. Soy un niño y necesito adultos en los que poder creer." Para muchos padres con una educación más moderna es difícil comprender este punto. Primero tienen que aprender, a dejar toda autoridad y ahora tienen que aprender, a retomar la verdadera autoridad. No puedo hacer nada, sí, ellos tienen que aprenderlo. Un niño necesita la autoridad positiva y la ayuda orientativa de parte de los adultos, a veces necesita un claro rechazo de sus deseos más fuertes y un claro ¡no! En una reunión le dije a un oyente indignado: si llamáis a esto "brutal", entonces los niños necesitan a veces esta clase de "brutalidad", que consiste en no convertirnos siempre en sus peones. Tendría quizá que haber elegido las palabras de forma más cuidadosa, porque poco después apareció en el por lo habitual, relativamente sensato boletín de la Oficina Central Evangélica para Cuestiones Ideológicas en Stuttgart, un artículo con el titular: "Dieter Duhm predica la violencia contra los niños".

Hay muchas madres que no quieren que sus hijos de dos años las llamen "mamá", sino con sus nombres de pila. De esta manera le roban al niño su madre; no lo saben, pero lo hacen.

Cuando un niño se ve envuelto demasiado pronto en los deseos de relación de los adultos, pierde rápidamente su existencia y recuerdo cósmico. Cuando una madre quiere tener a su hijo para si, ocurre lo mismo que con los miembros de una pareja: el niño desarrollará una rabia inexplicable contra la madre, irá por el mundo como soldado y luchará contra la diosa. El niño tiene que ser protegido de la impertinencia emocional de los adultos. En su mayoría es a los mismos padres, a los que más difícil les resulta. Y otro hecho les resulta difícil: el que el hijo no pertenece a nadie, ni siquiera a los padres. El niño se buscó un hogar determinado, para poder realizar un plan de vida determinado y no para pertenecer a esos padres. No se puede atrapar a un niño para uno mismo, ni por medio de la sobreprotección, ni por la excesiva oferta de regalos y de consumo. La reacción del niño será en algún momento de odio. El consumismo sin escrúpulos, con el que también los padres relativamente inteligentes alimentan a los niños de nuestras sociedades de consumo, los aleja brutalmente de su fuente y los convierte en monstruos, que siempre quieren tener más y que se vengarán un día de ese engaño. El que recibe en la niñez chocolate en vez de amor, y esto una y otra vez, no puede impedir convertirse en malvado y cínico. Estos niños se vuelven adultos, que engañan a sus parejas y las chantajean, porque ya no pueden creer en el amor. Los padres de esos hijos, que en su mayoría crecieron ellos mismos en el movimiento antiautoritario, han perdido un gran sueño de su vida, pues el movimiento no pudo lograr sus objetivos. Ahora traspasan su resignación a sus hijos. Los hijos se dan cuenta, de que sus padres no pueden tener más sueños y que ya no se fijan ningún objetivo. ¿En qué pueden creer, si sus padres ya no creen en nada más?

Ésta es la situación de los niños en nuestra sociedad actual. Quizá la haya descrito demasiado suavemente, pues se trata de una tragedia básica de nuestro tiempo. Muchos padres están desesperados y no saben cómo seguir adelante. La Matriz Sagrada ha previsto para el crecimiento de los niños una situación completamente diferente. La encontramos descrita con todo detalle en "Traumsteine" ("Piedras soñadoras") de Sabine Lichtenfels. Los niños viven en la comunidad. Toda la comunidad tiene la corresponsabilidad de los niños. No hay ningún tipo de derechos de pertenencia entre padres e hijos. La comunidad forma un tipo de círculo, en el que los niños tienen una gran parte para ellos mismos. Allí se encuentra –dicho en palabras modernas- la "república de los niños". Este departamento infantil relativamente autónomo era un elemento fundamental en muchas culturas altamente desarrolladas. Lo hemos vuelto a encontrar en la literatura moderna en reportajes sobre el pueblo indio de los Murias (que ya se ha disgregado). Allí vivían los niños y jóvenes en su propio pueblo, el "Ghotul", y vivían según sus propias reglas y según su razón en la sexualidad. En la época de los círculos de piedra de Évora no había ninguna pertenencia familiar fuerte, sino un enraizamiento fuerte en la tribu y una pertenencia fuerte a un grupo de edad determinado. Dichos grupos aprendieron, a unirse a su manera con los seres naturales y a hacer sus investigaciones. Bajo la dirección de los adultos aprendían cosas básicas sobre la flora y la fauna, sobre las plantas medicinales y los ritmos lunares, sobre geografía, geomancia y astronomía. Sabían relativamente pronto, lo que significaban las filas de hormigas, cuándo aparecen y su relación con el tiempo meteorológico. Sabían hablar tempranamente con los animales y preguntar a las plantas si tenían efectos curativos. También nuestros hijos en la actualidad despliegan en esa dirección capacidades sorprendentes, si no se lo impedimos. El conocimiento, que los primeros humanos adquirieron, está aún en todos nosotros.

Nuestros hijos son los portadores de la nueva cultura. He experimentado, que felicidad sienten en el momento, cuando redescubren a sus padres, cuando nos aman de nuevo, cuando creen de nuevo en los adultos y tienen confianza en las autoridades. Aman el mundo, en el que los padres son padres de nuevo, los adultos son adultos; los modelos son modelos de nuevo. Les encanta, cuando preguntan a los padres y obtienen una respuesta sensata o ayuda. Lo hacen todo, con tal de ayudar a la Tierra, la naturaleza, las plantas y los animales, cuando ponemos a su disposición nuestros conocimientos sin tutelarlos. Son seres cósmicos y tienen la facultad de aprender, con una rapidez increíble. Quizá venimos algunos de nosotros como recién nacidos a la Tierra, cuando ellos, nuestros hijos actuales, se han vuelto viejos y sabios. Quizá seamos entonces sus nietos y escuchemos sus palabras con recogimiento… ¡Hay entre ellos seres tan increíblemente bellos!

Democracia de base y autonomía individual

La opinión pública ha podido siempre impedir lo mejor,
pero nunca lo peor.

(Karlheinz Deschner)

La comunidad del futuro es una democracia de base original, comunista, sin dominio. Esto surge de los principios básicos de la comunidad universal. Pero tenemos que saber, lo que significa democracia de base y qué condiciones tienen que cumplirse por parte de los miembros del grupo para que puedan ser capaces de una verdadera democracia de base. La palabra "democracia de base" se ha convertido hoy en una palabra clave para todos aquellos, que quieren rechazar la autoridad y el estar determinados por fuerzas ajenas. De este modo ha perdido el concepto su contenido. La democracia de base significa hoy para muchas personas apátridas, el asentarse en algún sitio en una comunidad, el no aceptar que nadie les diga nada, el discutir por todo, aunque no se tenga idea de nada, el que nadie pueda ser mejor que uno mismo y el que las diferencias existentes tengan que ser tan ampliamente niveladas como se pueda. Siempre se nivelan hacia abajo. El éxito de este enfoque se puede ver en general rápidamente: un montón de gente aburrida, a las que les cuelga de las comisuras de su boca su filosofía de "ningunas ganas" y que por ello necesitan estímulos cada vez mayores, para poder ponerse en marcha: alcohol, nicotina, drogas más fuertes, nuevos elementos hostiles, jaleo. Cuando bajo estas circunstancias explotan en las cabezas los nuevos pensamientos de sexualidad libre y de auto curación, el caos es perfecto. Muchas personas jóvenes, también aquellas, que al principio se habían comprometido de verdad, experimentan hoy en día su despolitización y su resignación por su participación en tales grupos.

Necesitamos una definición de comunidad, que nos posibilite, la construcción de estructuras libres de dominación y de procesos de decisión, en los que participen todos los miembros de la comunidad. Ésta es una definición de grandes pretensiones, pues todos tienen que ser capaces, de hacerse cargo de responsabilidad y de reflexionar con los demás sobre los temas, que conciernen a la totalidad. Esto sólo lo pueden hacer, si han dejado de lado su estatus privado y han entrado en el estatus comunitario. Esto es, como hemos visto, un cambio fundamental en toda su perspectiva de vida. Sin ese cambio interior no puede haber ninguna democracia de base. Para volverse capaz de democracia, las personas tienen que cambiar sus estructuras internas. Venimos de una larga historia de poder y sumisión. Lo uno es el reverso de lo otro. En cuanto las personas, que antes tenían que someterse, han llegado al poder, empezaron enseguida a someter a los otros. Esta estructura se ha convertido en parte del carácter colectivo de la humanidad, existe hasta la actualidad. Esta es también una de las causas, por las que las revoluciones de izquierda nunca han podido funcionar. No habían desarrollado en su interior ninguna estructura humana nueva. Las personas han aprendido, a ejercer el poder o a someterse. La nostalgia del pueblo alemán por el hombre fuerte (Hitler), la nostalgia del pueblo ruso por el hombre fuerte (Putin), la nostalgia de la población católica por el cabeza de familia (el Papa), la nostalgia del buscador espiritual por el gran maestro (el gurú), la nostalgia de las personas por un líder y guía superior a todos (Dios) es un trozo de historia, que está muy dentro de nosotros, sin excepciones. Esta nostalgia por la autoridad (positiva) nunca se ha visto satisfecha. Por ello ha surgido una rabia y una decepción enormes. La nostalgia inicial por la autoridad se ha transformado en mucha gente en un rechazo rabioso de toda autoridad, pero son dos caras de la misma moneda. El antiautoritarismo no es otra cosa que la fijación de la autoridad con signos negativos. En ambos casos se trata de una "personalidad autoritaria" interiorizada, como Adorno la ha denominado. En ambos casos el pensamiento de autonomía auténtica no existía en absoluto. Es una rebelión, pero no es autonomía. La rebelión exige siempre un enemigo externo. Los grupos, que se mantienen porque se rebelan juntos, se deshacen en seguida, cuando ya no tienen ningún enemigo. Cuando son demasiado débiles, para actuar contra el enemigo real, es decir las condiciones sociales y sus responsables, se crean enemigos sustitutorios: personas de otro color de piel, de otro origen, de otra concepción de religión o sexualidad. Este principio lo observamos hoy en la escena política global de derecha a izquierda.

La autonomía es independiente de estas categorías, pues tiene lugar en el interior y forma parte del proceso de desarrollo de cada persona, que ya ha entrado en el estadio de auto reflexión. La autonomía es un proceso de reconocimiento y de auto reconocimiento. La autonomía es aquél proceso interno del alma de una persona, que tiene el efecto, de que esa persona tome la responsabilidad de su vida y que no responsabilice a nadie de su comportamiento. Es la decisión de cada revolucionario verdadero. Partiendo de este punto uno no se puede rebelar como antes, porque primero tendría que rebelarse contra uno mismo. No tiene sentido, luchar contra las estructuras, que uno no ha resuelto en realidad dentro de sí. Es un juego falso, cuando se lucha contra el poder externo y al mismo tiempo quiere ser poderoso; cuando se lucha contra las facultades de otros, porque uno mismo no las tiene; cuando se procede contra el líder de un grupo, porque a uno mismo le gustaría estar en su lugar. Es desleal, quejarse contra la enajenación, mientras uno no sea capaz de seguir su propio camino. Exige valor y mucha reflexión, el seguir el camino propio. La autonomía es un objetivo elevado. La autonomía exige un proceso interno de individuación, que nos libera (no verbalmente, sino en realidad) de toda enajenación. Las personas, que siguen ese camino de manera consecuente, son automáticamente puntos de atracción para otros. Son los puntos naturales de reunión, los que preparan el camino de forma natural, los líderes naturales de los grupos - incluso cuando no lo desean. Y al darse cuenta de ese nuevo rol, se encuentran en una situación que no han querido, pues también comparten el punto de vista antiautoritario; no quieren ni poder ni dominio sobre los demás, ni privilegios ni ser servidos. Se meterán sin falta en una situación difícil, porque ahora que ellos han tomado el camino de la autonomía, serán atacados por los que hasta ese momento habían sido sus amigos y que ahora les reprochan un comportamiento autoritario. Los supuestos amigos de antes le harán ese reproche tan seguro como el amén en la iglesia, porque ellos aún no han tomado el camino de la autonomía y por ello reaccionan con rabia y envidia en vez de con autorreflexión. Este proceso se repite hoy miles de veces en todos los grupos, que no tienen un propósito, un concepto. Es una de las causas del fracaso de los grupos. En nombre de la autonomía se lleva a cabo una guerra sin cuartel, contra los que tienen el coraje, de ir de verdad por el camino de la autonomía y de realizar en su vida los propósitos proclamados.

Tenemos que tener claro, que el camino de la democracia de base aún no ha existido en la actual cultura de la matriz antigua y que por ello comienza algo nuevo en la historia de las comunidades, cuando la gente empieza a crear verdaderas estructuras de democracia de base. Desde este momento ya no puede haber sólo seguidores y simpatizantes, porque la democracia de base vive de la responsabilidad propia de sus miembros. Quiero citar sobre ello algunas frases del libro "Der Weg des Kreises" (El Camino del Círculo) del profesor indio Manintoquat:

en un pequeño círculo queda completamente claro, que cada uno tiene que verse como responsable de sí mismo. Cada uno tiene que ser un líder. Si no, se convierte en una carga agotadora para el que o los pocos, que llevan la responsabilidad. Se les deja en la estacada, se sienten desbordados o aislados. Pronto empiezan a cosechar enfados y reproches. Hacen algo bueno para todos, pero nadie se lo pone fácil. Apenas son valorados. Lo que necesitan, es el apoyo del círculo. Gente, que les dé su reconocimiento y que los apoye en las tareas generales. Necesitan, que cada uno se haga responsable y que piense como un líder.

En un círculo todos son líderes. Esto quiere decir, que cada uno personalmente se hace responsable del resto. Hacerse responsable quiere decir, pensar sobre lo que se necesita, para transmitir a todo el círculo esas reflexiones.

Quisiera que ahora contemples la posibilidad de llevar el liderazgo y de transformar las cosas como quieres, como tú las quieres. Si esto te sobrepasa o te parece imposible, entonces sígueme un poco más.

Aquí vemos la democracia de base desde una nueva perspectiva. Aceptar el liderazgo por la importancia que tiene en la comunidad, hacerse responsable para todo el círculo, no discutir más eternamente, sino ser ejemplo y no esperar más hasta que lo hagan los otros. Aquí se piden cualidades para las que la mayoría de los miembros de un grupo no están preparados. Tienen que aprenderse. Una comunidad sólida se compone de aquellos, que han adquirido esas cualidades. Son las autoridades naturales, las personas de contacto, los responsables de la comunidad y también son considerados de esta manera por los representantes de otras comunidades. Eligen entre sí a los jefes de grupo o de trabajo. Las estructuras directivas se basan en una democracia de base en competencias, contacto y confianza, no en dominio. Las personas con las estructuras de poder antiguas no deberían obtener ninguna función directiva, porque de lo contrario aparecerían en seguida en el grupo miedo, competencia, pusilanimidad y poca transparencia. La dificultad en los grupos que no funcionan bien, reside a menudo en una o más personas con las antiguas estructuras de poder están en la cima y nadie tiene el valor, de hacer algo en contra. Estas personas son como una tapadera pesada encima de un barril, que se romperá bajo ella de forma lenta pero segura.

La democracia de base es una nueva fuerza en un mundo nuevo. Ya no está unida a la actitud antiautoritaria y al humor de cada uno, sino a la participación responsable en la construcción de la comunidad y a la decisión de llevar una vida autónoma y comunitaria. La vida comunitaria, que mantiene a la comunidad en situaciones difíciles, se forma con todos los yos individuales, que han tomado esta decisión. De estos yos individuales se prepara en el momento actual la nueva evolución en muchos puntos de la Tierra.

¿Qué mantiene unida a una comunidad?

Transcurridos cien años del fracaso de los experimentos comunitarios desde el Monte Veritá (también fracasado) cerca de Ascona, se plantea justamente la cuestión: ¿qué mantiene unidas a las comunidades? ¿Qué impide su fracaso? ¿Qué aumenta su fuerza?

Primero: necesita una idea con fuerza, un plan, un objetivo, que esté más allá de un deseo exclusivamente personal de contacto y patria. Por ejemplo: construir un jardín de paz - construir una república infantil - construir una escuela transformadora - construir un proyecto amplio de investigación de la energía - construir un centro de arte – construir un centro de medios y comunicación etc. Cuanta más relación tenga su proyecto con una necesidad objetiva, más lo apoyará el universo.

Segundo: necesita buenos métodos para la superación de los conflictos humanos. Necesita un plan espiritual, de orden superior, que sea válido aún cuando las relaciones personales se tambaleen.

Tercero: necesita algunas personas representantes, que representen los pensamientos de la comunidad aún cuando fracasen muchas cosas. Necesita una gran capacidad de aguante.

Cuarto: no necesita ni "gallitos", ni cotos de caza, sino la cooperación de las personas representantes. Un círculo fijo de personas representantes sin competiciones ocultas por el poder y la posición es la condición para toda comunidad, que planee algo de gran envergadura.

Quinto: necesita una infraestructura clara. Cada miembro tiene que saber el lugar que ocupa y cuál es su tarea. Cada persona tiene, como cada órgano en el cuerpo, una función especial en la totalidad. Es conveniente (desde un determinado tamaño del grupo) una división precisa del trabajo y una distribución clara de las funciones directivas.

Sexto: necesita una estructura directiva sin carácter dominador, consistente en personas, que tengan autoridad natural, porque poseen las capacidades humanas y objetivas correspondientes y porque poseen la confianza del grupo. Esas personas tienen que estar tan desarrolladas en su carácter, que no abusen de su posición para cuestiones de interés personal y de poder. Las personas con la antigua estructura de poder no son apropiadas para las funciones directivas aunque enseguida salga de ellos el querer tomar la dirección. Las comunidades del futuro no pueden tener su origen ni en bases autoritarias ni en anti-autoritarias.

Séptimo: necesita la profesionalidad de sus miembros. Para el desarrollo de la comunidad tienen que existir una dirección y una voluntad, que no estén subordinados a los sentimientos y humores de cada cual. Los freaks y los hippies eran gente simpática, pero no podían construir una comunidad que funcionara.

Octavo: para que pueda nacer la confianza, la comunidad necesita la transparencia de todos los procesos y decisiones importantes. En especial para los ámbitos del sexo, el amor, la autoridad y el poder, el dinero y la economía tiene que crear transparencia, por medio de métodos apropiados (p. e. el fórum) y de una comunicación clara, porque si no pronto será la víctima de los conflictos que no se han comprendido.

Noveno: necesita que la sexualidad esté viva. Sino se vuelve rígida, ideológica, o aburrida. Hasta ahora las comunidades se han roto o por motivos relacionados con el Eros o por su represión. Las comunidades y los asuntos del Eros eran dos conceptos contrarios. En realidad sólo se puede desarrollar un erotismo libre y sincero, desde una base comunitaria. Para ello se deben superar las barreras acostumbradas de una buena manera (ver capitulo 5).

Décimo: necesita volver a anclarse en los valores básicos del ser humano que son amor al prójimo, hospitalidad, confianza y apoyo mutuo. Necesita la conexión con temas humanos de nuestro tiempo y con las fuentes universales de la vida. Cuanta más validez humana y más significado tenga, más fuerzas les saldrán al paso. La tarea aumenta, la voluntad crece, se hacen visibles nuevas posibilidades. Detrás de cada proyecto, sea jardín de paz, centro de arte y tecnología u otros, hay un nuevo concepto de vida, que abarca más cuanto más tiempo trabajamos.

Undécimo: canciones, fiestas y rituales auténticos. Con un buen desarrollo y un buen crecimiento interior viene para cada comunidad el momento, en que festeja sus propias fiestas y encuentra sus propios rituales. El momento de dar las gracias y celebrar es, cuando de manera natural se pasa a una forma festiva de la vida. De repente se crean canciones propias, cuadros propios, iconos propios. Signos mántricos de un nuevo haz que enlace nuestra fuerza y nuestra alegría de vivir. En este orden de cosas, algún día, cada comunidad del futuro comenzará su jornada con una especie de celebración común.

Capítulo 5
La Teoría Política

La evolución por medio de la creación de campos

La vida es un universo de posibilidades ilimitadas. Cuáles de ellas se harán realidad, dependerá de las informaciones, que dominen en la Tierra en un momento determinado de la evolución y de que estén disponibles para los seres vivos. Con cada nueva información se relativizan los hechos antiguos y se posibilitan nuevos. Se agrandan límites, que hasta el momento se consideraban inamovibles. Tenemos numerosos ejemplos de ello de los ámbitos de la ciencia, de la técnica y del deporte. El fenómeno de la formación de campos es válido probablemente para la escala global de la vida, desde las grandes transformaciones globales hasta las cosas más pequeñas de la vida cotidiana. Con el desarrollo del arte de la impresión de libros, con el invento de la máquina de vapor, con el descubrimiento de la energía eléctrica o atómica, con el desarrollo del láser y del ordenador se efectuaron cambios de campo para toda la civilización humana. También el rendimiento físico o mental-espiritual puede aumentar "de repente" el campo. Cuando Armin Harry hace 44 años corrió los 100 metros en 10,0 segundos, se fijó un nuevo "campo" para la carrera de medio fondo. Sesenta años antes había estado el "campo" en 12,0 segundos. El cansancio personal de los corredores tendría que haber sido casi el mismo, porque no es principalmente una capacidad personal, sino la nueva información o el nuevo campo, el que tiene efecto en el aumento del rendimiento. Un nuevo "programa" ha tomado la dirección. Nosotros aprovechábamos en nuestras aventuras grupales esa ventaja de la creación de campo, cuando probábamos nuevas cosas como los saltos desde torres, andar por el fuego, el buceo en aguas profundas o el estar tendido en aguas heladas durante mucho tiempo. Siempre se ensancha un límite y los demás participantes de un grupo, son capaces de unirse a este acontecimiento. Así se pueden sobrepasar de lejos los valores normales hasta el momento, sin que los participantes tengan que pasar por un training especial o esforzarse especialmente para lograrlo. En la historia se describen efectos de campo casi ilimitados en el aspecto de la capacidad humana de resistencia al frío, al hambre, al dolor y al fuego. Tribus enteras se han salvado bajo condiciones extremas por la creación de campos. Un ejemplo especialmente impresionante de formación de campos histórico procede de la época, en la que se construyeron las catedrales góticas. Cuando alrededor de la mitad del siglo XII se construyó la primera catedral gótica en Francia bajo la dirección del abad Suger, se produjo una reacción en cadena, que fue más allá de las fronteras de Francia. En todas partes se construyeron catedrales góticas en un estilo completamente nuevo con una nueva estática, nuevas proporciones y una nueva magnitud. Las leyes de construcción válidas hasta el momento se rompieron casi en todos los aspectos. ¿Cómo se produjo esa explosión de conocimiento, de maestría y de arte? Se había creado un campo - preparado por la escuela de Chartres, los templarios y los masones - cuya fuerza no conocía límites, porque había tocado una imagen entelequial profunda de las personas medievales. Tras larga fermentación interna estaba de repente ahí el resultado. Lo que vale para los cortos tramos de tiempo, vale también para las grandes épocas. Siempre hubo campos globales, impregnando las grandes etapas de la evolución y la historia humana.

El desarrollo de la vida en la Tierra sucede a "empellones" y escalones. Cuando hace de 3 a 4 mil millones de años, según el cálculo convencional del tiempo, se unieron los aminoácidos a la primera célula, apareció en la Tierra el campo de las células unicelulares, que pronto pulularon en los océanos. El próximo escalón es la formación del núcleo celular, para la creación de colonias celulares y de organismos pluricelulares. A cada nuevo escalón en el desarrollo hay una nueva "información" asociada, que se difunde rápidamente a la totalidad de la vida terrenal. Con cada nueva información se supera un límite anterior, se abre una nueva posibilidad de desarrollo, una estructura superior y más compleja. Se produce el origen de los peces y de otros habitantes más grandes de los mares. En algún momento salen del agua y se transforman en anfibios. Dominan el milagro, de vivir tanto en el agua como sobre la tierra y de poder respirar en ambos. Se crea un nuevo campo para la formación de pulmones en vez de las anteriores escamas, ¡un efecto "técnico" impresionante! En algún momento surge en ese gran laboratorio de la creación el campo de los mamíferos y entonces, según el cálculo del tiempo actual, hace quizá unos diez millones de años, empiezan a andar a dos patas mamíferos altamente desarrollados. Surge el campo para el desarrollo de las personas.

La evolución de las personas continúa así mismo escalonadamente y en forma de campos. Los escalones esenciales - como encender el fuego, crear herramientas, rituales para los funerales, construcción de las primeras casas, levantamiento de los monumentos sagrados de piedra - tuvieron lugar probablemente en todos los lugares en épocas parecidas. Cuando las tribus nómadas que iban vagando por ahí, empezaron a asentarse, a cuidar animales y a cultivar plantas (10.000 años a.C.), se implantó un nuevo campo: el campo de la revolución neolítica. Empezó una nueva fase del desarrollo cultural humano: economía de almacenamiento, propiedad, consistencia y tradición se convirtieron en las características de una nueva dirección en el desarrollo.

Un cambio especialmente fuerte en el desarrollo de la vida humana en la Tierra tuvo lugar con la revolución patriarcal. En ese momento surgieron los nuevos campos de dominio y violencia. Y también se inicio un campo que llevó a cabo la producción de armas de metal, el permiso de conquistar y de matar, la destrucción de la naturaleza, la construcción de imperios mayores y de bloques de poder monolítico, la introducción de las grandes religiones mundiales, la esclavización de la mujer, la represión de la sexualidad, la pareja monógama forzosa, la tecnificación de la vida, la industrialización, la capitalización y hoy, la digitalización. La matriz de la violencia se desarrolló de escalón en escalón sin detenerse, hasta que, al final del siglo XX, había alcanzado su último escalón de la "globalización". Al llegar a este escalón, la matriz de la violencia ganó en la Tierra. Pero esa victoria no puede tener consistencia, porque destruye las bases de la vida y con ello a sí misma. Toda la vida de la Tierra-Gaia está en peligro, el orden cósmico está destruido en su exterior (pero sigue viviendo oculto).

Estamos ahora ante una creación nueva de campos de dimensión global. La creación de campos cambiará, como los anteriores, globalmente la vida, en cuanto exista la información necesaria para ello. La nueva etapa de desarrollo, ante la que estamos hoy en día, consiste en la reunión de la vida humana con las leyes básicas de la Tierra, con la vida de todas las criaturas y con las leyes de la creación. La información completa necesaria para ello ya existe de forma entelequial, la llevamos profundamente dentro de nuestro "recuerdo"; la podemos evocar y poner en práctica. Es la información global para la "existencia universal" futura. La tecnología libre de violencia, la cooperación con la naturaleza y sus criaturas, el pensamiento holístico, el compañerismo de los sexos, el amor libre y una conciencia espiritual nueva, ya no son en la actualidad sólo conceptos hipotéticos, sino peldaños reales en el desarrollo de una transformación global, que ya ha empezado. Los Biotopos de Curación tienen en este proceso la tarea histórica de actuar como catalizadores, como reforzadores y aceleradores.

Vista general de la teoría política

Al proyecto de los Biotopos de Curación, que se describen en este libro, le siguen una teoría de difusión y de puesta en práctica, que llamaremos para abreviar "teoría política". Seguidamente haremos una exposición corta de sus ideas fundamentales y de su estructura lógica.

El trabajo de paz global necesita un concepto global, para estar a la altura de los conceptos económicos y militares de la globalización. Sólo un concepto global puede tener el poder, de abolir a la matriz de la violencia. El plan de paz, que se expone aquí, parte de que la Tierra-Gaia es con todos sus habitantes una unidad viva, un organismo. Un organismo unitario puede ser influido y transformado con la introducción de una información apropiada. Esa introducción sólo puede venir de uno o de unos pocos lugares de la Tierra. Cuando armoniza con las leyes fundamentales de la vida, tiene un efecto de campo sobre todo el organismo. El tránsito de la antigua a la nueva matriz no tiene lugar como una comparación antigua de fuerzas o como una lucha de poder, sino como un cambio de información. Una información curativa, insertada en un lugar, que hasta el momento estaba bloqueado por informaciones de miedo y de violencia, puede hacer promover en todo el organismo un gran cambio. Con la visión holística del mundo que está surgiendo, nos encontramos ante nuevas posibilidades curativas, que podrían tener efecto para todo el planeta. Vivimos en un tiempo, en el que se podrá poner en práctica la ambición humana más grande posible - que no es otra que restablecer la paz y la armonía en el mundo - en coherencia con el pensamiento científico. Nos encontramos, con este fin, en una carrera de velocidad con las fuerzas contrarias; objetivamente corre prisa. La teoría política ofrece un concepto, con el que podría ganarse la carrera de velocidad. Contiene seis partes.

1. La estructura holística de la realidad
2. La estructura de la información homogénea de la vida
3. La ley de campo
4. La nueva información
5. La realidad de la utopía concreta
6. El proyecto de los Biotopos de Curación

1. La estructura holística de la realidad

La visión de la realidad holográfica o holística parte de la unidad de todo lo que es. El mundo es un todo homogéneo. La estructura del todo, su información y su legitimidad, se repiten en todas sus partes y puede también ser influida desde todas sus partes. Una cita a este respecto de George Leonard del libro "Der Pulschlag des Universums" (El latido del universo):

como las partículas del universo producen continuamente campos de ondas y todas las combinaciones organizadas de partículas también envían su propio campo inconfundible, el número de las ondas que se cortan a sí mismas es infinitamente grande. Teóricamente se podría crear en cada punto del universo una especie de super-holograma, que contenga informaciones desde ese punto de vista, sobre todo el universo.

En otras palabras: en cada punto del universo es posible acceder (teóricamente) a la información global del universo. Si nos fuera posible, ver y comprender una sola parte del universo hasta en sus más íntimas profundidades, veríamos y entenderíamos en ella a todo el universo. Y: lo que ocurre en un único punto del universo puede influir en todo el universo. Estas son las conclusiones lógicas de la cita arriba mencionada.

El todo se encuentra en todas y cada una de sus partículas; el super-holograma del mundo se dibuja en cada uno de sus detalles: en la construcción de un átomo, en la estructura espiral del caparazón de un caracol, en las conexiones nerviosas del cerebro, en la composición molecular del código genético. Por todas partes se encuentra la huella del universo como una especie de cosmograma de una manera extremadamente condensada. Todo es un aspecto del mismo Ser **único** y de la misma conciencia **única**, que está en el todo. También podemos decir en un sentido religioso: el alma universal, que tiene un efecto en el todo, también lo tiene en todas sus partes.

2. La estructura de información homogénea de la vida

En la biosfera hay una zona, en la que toda la información de la vida se ha impreso de una manera muy determinada: en el código genético del núcleo celular. El código genético es – en su estructura matemática básica – la misma en todos los seres vivos. Sólo son distintas en el grado de diferenciación. ¡Por consiguiente, en las conchas se encuentra la misma información básica de la vida que en un cerezo o en una persona! Merece la pena maravillarse de nuevo. Lo que la investigación de la naturaleza ha sacado a la luz, está de acuerdo con un verdadero "Curso de Milagros". La Teoría Política toma nota de tales milagros. Ello nos proporciona una indicación segura de la unicidad del cuerpo biológico del que son miembros todos los seres. Sólo hay **un** ser y **una** conciencia. Por eso nos podemos entender – a condición de que haya igualdad de frecuencia- con la serpiente, con la rana o con la rata, e incluso con las flores y los árboles. La comunicación entre las especies que ambicionamos, la cooperación con los animales en el sentido del trabajo global por la paz, estaba prevista por el plan de la creación. Su posibilidad es el resultado del hecho de que existe una estructura de conciencia universal que actúa en todos los seres.

En este punto quiero referirme a un descubrimiento interesante, que se hizo hace treinta años, y es el llamativo paralelismo en la construcción matemática del código genético y en la del oráculo del I Ching. ¡Una fórmula universal casi idéntica en dos ámbitos tan diferentes! No podría probarse de manera mejor la unidad del ser.

3. La ley de campo

Una información nueva, que se introduce en un organismo homogéneo, tiene efecto en cada una de sus partes. Una información nueva, que se introduce en una parte del organismo homogéneo, tiene efecto en todo el organismo. Una información nueva, que se introduce en una población, tiene efecto en todos sus individuos. Una información nueva, que se introduce en un individuo, tiene un efecto (latente) en todos los individuos de la población afectada. Todos los miembros de esa población forman parte de ese proceso de aprendizaje. Aparece para todos la preparación de un nuevo camino, que les facilita el aprendizaje de las nuevas maneras de comportamiento (por el ejemplo el ascenso del Monte Everest sin botellas de oxígeno –una información importante para la población escaladora. Después de lograrlo Reinhold Messner, también lo lograron muchos otros). Ciertas vías en el patrón neuronal del cerebro, ciertos circuitos en la cadena molecular del código genético se activan, se crea una disponibilidad más elevada del comportamiento en la nueva dirección. El principio de la creación de "campos morfogenéticos" se puede transferir también a desarrollos culturales, políticos y globales. Cuando la población consiste en toda la humanidad, nuevas maneras de conducta, que son significativas para toda la humanidad, desencadenarán nuevas disponibilidades en la conducta a nivel global. La biosfera de la Tierra es un organismo homogéneo. Cuando introduzco una información apropiada, ésta actúa en todos sus elementos, es decir en todas las personas, animales, plantas, aguas, etc. Cuando se trata de una información de la matriz mental-espiritual, alcanzará de manera abierta o secreta a todos los seres, porque todos los seres, incluidos los seres humanos, están –al menos latentemente- en resonancia con la Matriz Sagrada. (La biosfera no consiste sólo en sus formas materiales visibles, sino también en seres invisibles espirituales (devas) y en las líneas de conexión energética y espiritual entre dichas formas. De esta manera se puede uno imaginar más fácilmente su unidad espiritual, a la que Teilhard de Chardin denominó como "noosfera").

Si enviamos a la biosfera o a la noosfera una nueva, información, bien demostrada y garantizada, de confianza y de cooperación, entonces ésta actúa en el sentido de un nuevo campo: en cada uno de los elementos del todo se actualizará ahora una cierta disponibilidad de comportamiento, caracterizada por la información de la confianza y aumentará la probabilidad de la entrada en escena de un modo de comportamiento adecuadamente nuevo.

En resumen: la Tierra-Gaia es un cuerpo vital homogéneo. Sus órganos son interdependientes como los órganos de mi cuerpo. En el caso de un cuerpo enfermo puede bastar una pastilla, para animar a todos los órganos de mi cuerpo en dirección a la salud. La pastilla lleva la información de la curación al cuerpo, que obedecerá a todos los elementos del cuerpo como ocurre en un campo. Lo que vale para el cuerpo, vale también para la totalidad de todos los cuerpos en el cuerpo vital de la Tierra-Gaia. La influencia del campo está explicada en el plan de construcción holístico de la creación. En eso consiste la enorme posibilidad que tenemos hoy; quizá aparte de esta, no tendríamos ninguna otra. Si la obedecemos, entramos en una dirección del pensamiento político completamente nueva. ¿Entonces qué es la "pastilla", que tenemos que introducir en la Tierra-Gaia, para que pueda volver de nuevo la paz y la curación?

4. La nueva información

La nueva información global, que debe introducirse en el cuerpo biológico, afecta a aspectos centrales de la convivencia humana y de la convivencia humana con la naturaleza. Palabras claves para ello son: comunidad sin dominación –solidaridad y reunificación de los dos sexos –confianza en vez de miedo –cooperación con la naturaleza, con los animales y con todas las criaturas con las que convivimos -alimentación sin complicidad, consumo sin complicidad - tecnología libre de violencia – práctica vital espiritual y existencia universal. Desde esos ámbitos de experiencia surge la nueva información global. Ésta aparece, cuando las informaciones individuales de esos distintos ámbitos entran en armonía, cuando empiezan a vibrar con una vibración igual, es decir, cuando se vuelven coherentes. Surge entonces una frecuencia del pensamiento y de la acción homogénea, coherente, que pasa a la noosfera como información, global. Es una información de la confianza, de la afinidad y de la cooperación. Se trata de una forma de existencia básica "universal", en la que toda la vida se ensambla entre sí, comunica entre sí y coopera. Los trabajadores por la paz, que trabajan en esos ámbitos, se encuentran en una frecuencia de la conciencia coherente, vibratoria, de igual sentido.

En la nueva información global, que queremos introducir en la noosfera, no tendría que haber contradicciones porque aparecen confusión y "ruido en el canal". Aquí se plantean exigencias éticas elevadas a los trabajadores por la paz. Una de nuestras frases es: "si haces algo como trabajador por la paz, que trastorne a la paz interna, te encontrarás en ese momento en una contradicción".

En todos los ámbitos de la vida se necesita un cambio en el modo de pensar. Si queremos realmente entrar, por ejemplo, en cooperación amistosa con animales, tenemos que dejar de verlos como objetos de consumo; usaremos pues productos libres de complicidad (veganos); poco a poco dejaremos de usar productos cosméticos y medicamentos, que se hayan probado en laboratorios animales, etc. Esto no es resultado de una moral poco natural, sino de una lógica de las cosas. Cada trabajador por la paz, que entienda esa lógica, la obedecerá con gusto. Se tienen que saber esas cosas, pero no hacerlas ley ni demasiado rápida ni demasiado dogmáticamente, sino surgen estructuras inquisitoriales nuevas. Primero comprender y entonces actuar a modo de prueba, después comprender de manera más profunda, entonces actuar más profundamente, después comprender completamente, entonces actuar radicalmente. Entonces continúa la historia de la actuación consecuente: no puedo convertirme en vegano y al mismo tiempo contemplar sin actuar, como se asesinan en el mundo a los animales. Continuaremos construyendo también la información por la paz con ciertas acciones en el mundo, quizá ya en nuestro vecindario. Si vivimos en una región rural como el Alentejo portugués, iremos quizá a algunos campesinos, que hacen caminar a sus caballos y burros con las patas delanteras atadas y hablar con ellos amablemente. Esta tarea la han adoptado algunos en nuestro Biotopo de Curación. Si no hacemos estas cosas, nos encontramos en una cierta contradicción, hay de nuevo un ruido en el canal. El seguimiento vinculante de la Teoría Política, que se ha orientado en el cambio global, nos exige nuevas acciones en lo pequeño. Cuando las pequeñas acciones no concuerdan con la gran información global, no tienen gran efecto. Pero si tienen lugar en el marco de la gran información global, entonces están en resonancia con el gran sistema, en resonancia con la creación, con el bio-cuerpo de la Tierra, con su estructura de información, con sus funciones fundamentales y con sus leyes espirituales. Están en resonancia

135

con el sueño del mundo (ver el próximo punto). Tales acciones, de igual sentido, llevadas a cabo y difundidas día a día por una comunidad fuerte, forman juntas una fuerza, que entra en el cuerpo vital del mundo como frecuencia e información unificadas, y en todos los seres indica un desvío nuevo, produce una nueva disponibilidad en la conducta, abre una línea de desarrollo nueva y posibilita una nueva decisión. Tener esto como efecto global es el objetivo de los Biotopos de Curación.

5. La realidad de la utopía concreta

El futuro que deseamos no lo tenemos que inventar nosotros, porque ya está contenido de forma latente en el presente. Se tiene que hacer accesible, tiene que verse y que hacerse consciente: es un verdadero tema de descubrimiento de la visión. El joven Marx escribió en una carta a Ruge:

se demostrará, que el mundo posee hace tiempo el sueño de una cosa, del que sólo tiene que poseer la conciencia para que su posesión sea verdadera

Esto quiere decir: solo tenemos que hacernos conscientes del espacio universal, para "poseer" el contenido del sueño, es decir para ver cumplirse el sueño. Es parecido al bello poema de Joseph von Eichendorf:

duerme una canción en todas las cosas, sueña dentro de ellas continuamente, el mundo entero alzará su voz cantando, si hallas la palabra mágica.

O sea en todas las cosas la misma canción universal, el mismo sueño. Significa reconocer y hacer realidad ese sueño universal. Ernst Bloch lo denominaba "Nondum", el Aún-No, la "utopía latente" o la "utopía concreta". Ese Nondum posee una existencia latente (oculta), pero real. Es una imagen de la realidad delicada, que es inherente a todas sus formas como cianotipo real y como posibilidad real. Es como en la holografía, en la que la imagen original se esconde aún intacta de forma latente, "oculta", tras las imágenes deformadas de una película holográfica. Cuando enfoco el ángulo correcto en la película, aparece de nuevo su imagen primigenia a través de las deformaciones. También ocurre así con la persona: si la miro con la actitud correcta aparece su imagen real, entelequial, a través de todas las deformaciones.

La existencia de la utopía concreta facilita nuestro trabajo. A nuestros esfuerzos por nuevas estructuras vitales le sale al camino desde dentro una fuerza, que nos guía y que nos da capacidad para hacer cosas, que no podríamos hacer si no fuera por ella. Hay muchos ejemplos de ello. En un accidente de coche nos invade de repente una tranquilidad completa y seguridad en la acción. ¿Qué es esto? En una situación enojosa con un anterior enemigo, siento de repente sentimientos de comprensión, de interés y de verdadera compasión. ¿Qué es esto? En una escena revolucionaria, violenta, siento de repente, que este no es el camino correcto. ¿Qué es esto?- Es la presencia real de nuestra "imagen más elevada", de nuestra "imagen de luz". Es una parte real de la siempre presente "utopía concreta" o de la Matriz Sagrada. Esto es importante según el pensamiento dialéctico y holográfico: que la utopía concreta no es una visión del ser humano subjetiva, arbitraria o producida a voluntad, sino un cianotipo real de la realidad. Del concepto holístico de la realidad forman parte estrechamente los lados objetivo y subjetivo del mundo. Teníamos lo siguiente en el Manifiesto de Haifa: "no habría sed si no hubiera agua para apagar la sed".

Sueño, visión, imagen interna, utopía concreta: apariencia interna de una realidad futura, que en latencia real ya existe y que produce cosas increíbles. Se esconde trás cada una de las metamorfosis de la naturaleza: entre los aborígenes, la planta es el "sueño" de la semilla. La mariquita es el "sueño" de las larvas La mariposa es el "sueño" de la oruga. Nos damos cuenta de la poderosa dimensión de lo que está ocurriendo aquí.

En la visión correctamente encontrada y vista, aparece un trozo real de realidad futura. A través de la misma visión se llega más cerca de la realización. En este sentido, dijo el místico y científico ruso Solowjew: por medio de todas las acciones y pensamientos, que se refieren a la armonía y unidad del mundo, promovemos la manifestación de las mismas.

6. El proyecto de los Biotopos de Curación

Los Biotopos de Curación son lugares en la Tierra, donde se desarrolla un sistema de vida según los principios de la confianza, la afinidad, la solidaridad con todos los seres vivos. Los Biotopos de Curación son lugares de nacimiento y de transmisión de la nueva información, lugares de aprendizaje y de práctica de la Matriz Sagrada, recipientes sociales y ecológicos para la recepción (y difusión) de energía sanadora. Para que la información correcta para una existencia sin violencia pueda ser enviada a la noosfera, los Biotopos de Curación tienen que disponer de suficiente complejidad, duración, conocimiento y miembros. (El número mínimo de colaboradores necesario para producir la información global podría está en torno a los 300). Es precisa una experiencia práctica de varios años, hasta que los líderes del proyecto y sus colaboradores sepan de manera clara, de qué se trata y qué cambios en la propia forma de vida son necesarios para ello. Cuando empiezan con un proyecto de este tipo, es el comienzo para ellos mismos de un proceso de revelación, que los desafía a dar nuevos pasos y tener nuevas perspectivas.

Los Biotopos de Curación surgen, cuando la época está madura para ello. Éste parece ser el caso hoy en día. La idea de un Biotopo de Curación no es ningún invento privado sino que reside como "cianotipo espiritual" en el espíritu de cada época (im Geist der Zeit). Se esconde dentro de ella una elevada "latencia utópica" y un impulso elevado de manifestación. Lo que nos traspasa como idea o como voluntad se corresponde con una tendencia en el universo.

Cuando la información de los Biotopos de Curación esté lo bastante ampliamente desarrollada nos encontraremos probablemente ante una reacción en cadena global: en cuanto la nueva información, que se desarrolle en el primer Biotopo de Curación, haya alcanzado una "dimensión crítica de energía, densidad y precisión", aumentará repentinamente la probabilidad, de que centros parecidos aparezcan también en otros lugares de la Tierra. Esto ocurre por sí mismo según la ley de campos (punto 3). En cuanto la nueva matriz se materialice en un punto de la Tierra, existe una alta probabilidad de que se materialice, como consecuencia de la ley de campos en otras partes. Aún ahora es difícil expresar este proceso en cifras. ¿Quizás sean 10 centros más en 15 ó 20 años?. No depende tanto del número de los nuevos centros, es más importante la fuerza y coherencia de su información. Cuanto más voluminosa sea la nueva información, más fuerte y precisa pasará, y más posibilidad habrá de que el sistema actual "dé un vuelco". La noosfera está de cierta manera embarazada con la nueva información, la vieja información de la violencia ya no recibe más proyecciones, se apaga. La lucha por el poder entre la matriz vieja y la nueva se decide por medio de procesos informativos. La nueva civilización global saldrá de la red de los nuevos centros. Los Biotopos de Curación son, en tanto que armonizan con un cianotipo del universo, las verdaderas células germinadoras de una nueva época. Como fermento de un nuevo tiempo pueden ser efectivas en todas partes, en dónde - tras caminos sin salida, guerras y destrucción - sean posibles nuevos comienzos.

La información global sin violencia

La información global, que se da desde el Biotopo de Curación al continuo, se compone sobre todo de los conocimientos en los sectores del sexo y del amor, de la comunidad, la cooperación con la naturaleza, la espiritualidad y el arte. Aquí tendrán lugar las experiencias clave que llevarán a una nueva forma de vida. Desde una cierta maduración y claridad de las experiencias el continuo aceptará la información global y la transmitirá si cumple los requisitos necesarios para ello. ¿Qué cualidades tiene que tener una información global sin violencia, para que pueda ser recibida por el sistema de información de la biosfera y de los seres humanos? ¿Qué cualidades tiene que tener, para que nos conduzca a un cambio de conciencia global?

1. Tiene que ser **compleja.** Tiene que estar en un puesto muy elevado de la jerarquía mental-espiritual y con ello poseer una fuerza directriz. ¿Qué quiere decir esto? Una información está en un nivel más elevado de la jerarquía mental-espiritual, cuantos más conocimientos, más aspectos de la realidad, más fuerza vital y líneas significantes reúna en sí misma. Dicho de forma breve: cuanto más compleja sea. Compleja no significa complicada, sino integrante. Las estructuras complejas pueden ser muy fáciles, como por ejemplo una célula. En el punto de la evolución en que se encuentren dos informaciones contradictorias, se impondrá la más compleja, si cumple con los requisitos siguientes.

2. La nueva información no tiene que ser **contradictoria.** Un par de ejemplos fáciles: cuando un vegetariano deja de comer carne por motivos éticos y sin embargo va por ahí con un abrigo de pieles, está enviando información contradictoria. Cuando alguien va a una manifestación pacífica, pero por dentro está lleno de odio y de pensamientos de venganza, sólo surge un ruido en el canal. Cuando un trabajo de sanación médica está conectado con matanzas de animales de ensayo, no puede resultar de ello ninguna información de sanación positiva. Cuando una sociedad hace una ley con las palabras:"no matarás", y esa misma sociedad produce armas, entonces sólo puede salir de ahí el campo informativo de la mentira. Por estas informaciones falsas sufre hoy, desgraciadamente, la ecología espiritual de todo el planeta. No se trata de contaminación ambiental material, sino mental-espiritual.

3. Tiene que ser **compatible.** Tiene que ser compatible en la estructura y en la dirección de su desarrollo con un sistema de mayor orden. Es decir que tiene que armonizar con el "software de la creación", con las posibilidades establecidas en el todo y con las posibilidades de cambio. También tiene que armonizar con las fuerzas germinadores y con los procesos creativos de cada época, con sus tendencias de desarrollo y sus perspectivas. Esto depende de la fase histórica de la evolución de la conciencia. Tiene que estar hoy en día, por ejemplo, en armonía con la tendencia planetaria a la superación de todas las barreras racistas, religiosas y nacionales, con una tendencia general al pensamiento integral y espiritual y con una tendencia a una conciencia global ecológica, que contempla la Tierra como un organismo integral.

4. Tiene que ser **necesaria.** Tiene que satisfacer una necesidad profunda de los seres humanos y de todos los demás seres vivos. Tiene que contener una respuesta amplia a la llamada de socorro de los seres humanos y de la Tierra. El concepto de la necesidad no tiene que ser comprendido superficialmente en el sentido de un alivio de socorro a corto plazo. Pues de esta manera se aumenta la emergencia a largo plazo. Cuando se les pregunta hoy a los teóricos de la evolución, por las cualidades que han probado en general su eficacia en la lucha por la vida, nombrarán entre otras la malicia, la desconfianza, el engaño y la violencia. Estas cualidades eran necesarias bajo las circunstancias de vida de la matriz de la violencia. Pero vistas en su totalidad, no eran una ventaja para la evolución, sino un impedimento inmenso. La necesidad global de la nueva información de la paz, une los intereses de vida de todos los participantes en un nivel más global y más consciente.

5. Tiene que ser capaz de **funcionar.** Tiene que probarse en la práctica, que la información por la paz es eficaz en todos los ámbitos y que es superior a las viejas informaciones. Esta exigencia se entiende por sí misma. Es válida para los nuevos conceptos de amor y de sexualidad al igual que para los nuevos conceptos de ecología, tecnología, sanación etc. Por ello la nueva información global no la podemos desarrollar con el ordenador, sino que es el resultado de una práctica vital lo más diversa posible. Su superioridad se demuestra por las crecientes energías amorosas, las fuerzas de conocimiento y las cualidades de supervivencia de sus representantes. Los conoceréis por sus hechos…

Si una información cumple esas cinco condiciones, tiene buenas posibilidades de imponerse globalmente. Se trata de una información "genética", una información verdadera de la creación, de la que depende el transcurso posterior de la evolución. Desde hoy somos responsables por la dirección posterior de la evolución de la vida sobre la Tierra, porque nos encontramos en la era de la globalización. Tenemos la posibilidad real de globalizar las fuerzas de paz. Las acciones locales tienen, cuando se ponen en escena de manera correcta, efecto global. Hasta ahora hemos pensado que Dios sabía lo que había que hacer. Hoy sabemos que ese Dios completamente automático no existe sin los humanos. Nosotros mismos somos un órgano vidente y reflectante en el universo, todo el resto dependerá de nuestra decisión, de nuestra capacidad de insertar una información nueva en el cuerpo del mundo. Si hemos entendido el pensamiento de la Matriz Sagrada y si lo obedecemos tanto como podamos, nos salen al encuentro Dios y la Diosa, la vida y el universo con todas sus fuerzas. Obedecen a aquella lógica funcional superior, que describimos como "el circuito de Dios" (capítulo 3, Tomo II). Ya no trabajamos contra el mundo, sino en unión total con él. El que comprende ese pensamiento, sabe algo del proyecto de los Biotopos de Curación.

No la fuerza propia, sino la fuerza del campo

La oruga no se convierte por sus propios medios en una mariposa.

Tenemos una explicación sensacional con el campo. Nos descarga de la obligación, de tener que ser capaces de todo. Aún sin poder o querer aclarar mucho, descubrimos en él un secreto de toda la evolución, un método del desarrollo universal. El campo es el instrumento, con el qué el universo logra sus fines. Con el campo entra en acción una fuerza que ayuda a la vida a realizar cosas, que nadie habría podido hacer solo. Actúa siempre y en todas partes. Si preguntamos a una araña, cómo hace su nido, apenas recibimos una respuesta razonable. No es sólo un problema de lenguaje sino de competencias. La araña no obedece a su propia inteligencia al construir su nido, sino a un campo global de arañas. Podemos recorrer los peldaños de la cadena de la evolución hacia arriba o hacia abajo, en todos lados encontramos órganos, seres vivos, modelos de conducta, estrategias de supervivencia, que no surgen de la inteligencia de los seres individuales, sino del campo de información que guía sus actividades. También ocurre así con los seres humanos. El que crea en Dios o en Marx, el que crea en el amor de pareja o en el amor libre, es una cuestión del campo al que pertenece. El que piense de modo materialista o espiritual, el que practique la violencia o la no violencia, el que busque la energía más elevada en la guerra o en el amor, es una cuestión del campo colectivo. Hoy en día por ejemplo existe un campo colectivo para la creencia en el big bang. Ningún científico pensador, que viva según Einstein en nuestro planeta, puede creer seriamente en el big bang, si piensa por si mismo sobre ello, porque en seguida sabrá, que se proyectó una idea lineal del espacio y el tiempo de un modo poco fiable y no relativista en el comienzo del mundo. Sin embargo siguen creyendo ese sin sentido, porque se ha creado un campo para ello. Esto es un ejemplo de efecto de campo negativo. En la parte positiva está la realidad innegable, de que no tenemos que aprenderlo todo trabajosamente con nuestras propias fuerzas, habiendo fuerzas de campo en juego. Esto es válido para rendimiento y prestaciones deportivas, técnicas y culturales. Es igualmente válido para temas mentales. Quien cae en una comunidad, en la que los celos no son parte del amor, se rebelará al principio con ataques de celos posiblemente fuertes. Pero cuando el campo es más fuerte que él o ella, entonces él o ella acogerán el mensaje con alivio y después de un corto tiempo se sorprenderán de lo fácil que podía ser el cultivar el amor sin celos. Dura normalmente un tiempo, hasta que lo creemos. También los acontecimientos mentales y espirituales obedecen ampliamente a la ley de campos. Hacemos simultáneamente un descubrimiento sorprendente, que sólo podría ser aceptado en el teatro como sátira: que la mayoría de nuestros problemas y de nuestros temas de amor, sobre todo los más sinceros y dramáticos, vienen en realidad de un campo colectivo anticuado, que actúa en tanto no exista ninguno nuevo que convenza. En cuanto se haya desarrollado un nuevo campo con la suficiente fuerza, caerán los antiguos y respetables problemas como las hojas en otoño, sólo tenemos que permitirlo. Hay algo así como una fuerza de gravitación mental hacia atrás, con la que siempre repetimos los mismos problemas y vivimos las mismas dificultades una y otra vez, aunque en realidad hayamos entrado hace tiempo en una situación, que nos podría liberar completamente de esas viejas películas. A veces sólo tenemos que despertarnos de un largo sueño de costumbres, para darnos cuenta, de que hace tiempo que está preparado un nuevo patrón de vida.

Para las comunidades futuras tiene una importancia central, el tipo de campos que se creen. Desde un cierto grado de desarrollo interno será necesario por ejemplo, el abandonar las antiguas ideas de amor y sexualidad, de alimentación y consumo, abandonar todas las formas de complicidad, abandonar todas las supuestas leyes de la naturaleza sobre celos y competencia, abandonar las costumbres de fumar y beber y las costumbres de sufrimiento psíquico. Sabemos, cuántas luchas internas están conectadas a tales abandonos cuando lo hace alguien individualmente. En una comunidad que esté funcionando, el cambio puede ocurrir de la noche a la mañana sin que haya casos graves de retroceso y de síndrome de abstinencia. Es el campo el que les facilita el trabajo a las personas individuales. En nuestros cursos de arte tenemos la experiencia de manera regular de cómo gente que nunca ha pintado, pinta cuadros sorprendentemente buenos. En la escuela Mjria tenemos la experiencia de cómo gente que siempre había tenido dificultades con los discursos públicos, daban de repente discursos grandiosos. Todo esto son efectos de campo. Se pueden aplicar a todos los ámbitos, por ejemplo al aprendizaje de lenguas extranjeras, de canciones, costumbres alimenticias, a la hora de levantarse por la mañana, a los horarios y a la cantidad de trabajo, a la puntualidad y precisión, al humor y la tolerancia. La comunidad tiene que saber en qué pone sus prioridades y empezar aquí con una formación de campo bien calculada. Con ello se ahorra discusiones inútiles y crea un clima de alta y buena energía. Reconocemos con claridad el efecto de campo también en el trabajo de sanación. Cuando una comunidad ha creado un campo de sanación, la gente se sana, sin haber hecho mucho esfuerzo para ello. Los buenos líderes de grupos tienen la noble tarea, de crear un buen campo para su grupo.

Todo lo dicho es también válido para los propósitos altos y complejos del trabajo global por la paz. No con las propias fuerzas, sino con las fuerzas de campo, conseguimos que se difundan los nuevos pensamientos y formas de vida. No con las propias fuerzas, sino con las fuerzas de campo, se producirá el tránsito de la vieja a la nueva matriz. No con las propias fuerzas, sino con las fuerzas de campo, se abren los espacios internos para la acción divina que hasta el momento habían estado ocupados por el ego. Para la creación de la fuerza de campo es válido lo mismo que antes se dijo sobre la información global. Tiene que cumplir las cinco condiciones arriba enumeradas para poder imponerse a nivel global. Y aún necesita otra condición: tiene que ser apoyada por la voluntad indivisa y clara de los participantes. La verdadera voluntad es la puerta por la que pueden penetrar las fuerzas cósmicas en nuestro trabajo. A este propósito decía nuestro antiguo maestro de la lengua Prentice Mulford (en el libro "Vom Unfug des Lebens und des Sterbens" /Sobre los disparates de la vida y de la muerte): "Al que así lo desea, todo el universo le sirve de placenta para su obra".

Puntos de apoyo en la sociedad actual

No todos los trabajadores por la paz se pueden reunir en los Biotopos de Curación. La mayoría siguen teniendo aún su ámbito de vida y de trabajo en la sociedad actual y no pueden dejar sin más las responsabilidades de las que se han hecho cargo. Para la mayoría de las personas el salto de la antigua matriz a la nueva sería grande, si no hubiera en la sociedad actual personas y proyectos que pudieran ayudar a preparar ese salto paso a paso. Pienso en proyectos de paz locales, en grupos medioambientales, en grupos que protegen la fauna y la naturaleza, grupos de terapia progresiva, grupos de tecnología, grupos de Greenpeace, de Amnistía Internacional etc. Los que apoyan esos grupos están por lo general en conexión con una tarea que no pueden dejar por el interés de una estrategia de paz global porque son un fermento irrenunciable en la masa del tiempo. Pero necesitan un concepto de orden superior que sirva para unir, de manera que no se tenga que trabajar en caminos paralelos. Una dirección común con una visión común del mundo futuro y una orientación de nuestros valores común podría resumir los fragmentos individuales del trabajo de base presente en una fuerza de paz mundial. Volver a reunir la vida humana con las criaturas de la naturaleza y las leyes de la vida universal, como se ambiciona en el proyecto de los Biotopos de Curación, podría llevar a una carta constitucional, a "la regla de una Orden de la Vida", que sea vinculante para todos los grupos por la paz del Planeta.

Junto a las organizaciones de base, pienso también en los especialistas en los departamentos progresistas de la ciencia y tecnología, que se han dado cuenta de que para una continuación razonable de su trabajo necesitan nuevos espacios de pensamiento, nuevos espacios de vida y "un plano de orden superior". Sobre todo en los ámbitos de alta tecnología se traspasan actualmente límites, que serían adecuados, ya no para aplicarse en pos de la destrucción global, sino para la acción concertada de la renovación y la sanación globales. Los Biotopos de Curación son las "metrópolis del futuro". Junto a los nuevos valores humanos y espirituales necesitan nuevos materiales de construcción, nuevos sistemas de información, nuevas tecnologías de la resonancia, nuevas transmisiones de fuerza delicadas etc., y disponemos de suficientes posibilidades de acción para los pioneros de la investigación y de la técnica futuras.

Pienso también en los representantes de la economía, que han comprendido que la tendencia actual a la globalización y a la capitalización ya no se puede seguir con la conciencia tranquila. Deberían participar en el círculo por la paz que está surgiendo. Al mismo tiempo pienso en una relación sinérgica, que es útil a ambas partes. Apoyan la creación de biotopos de la curación con medios técnicos, financieros y organizativos, y los biotopos de la curación les ofrece nuevas posibilidades de experimentación, nuevas posibilidades de pensamiento, nuevas posibilidades de amor y posibilidades razonables de inversión, que no están al servicio de la destrucción sino de la sanación de la vida. Todos, los que hallen dentro de sí coraje y futuro, debería unirse a un "movimiento a favor de una Tierra libre" con carácter de proyecto general. A favor de una cooperación razonable y una formación de redes de proyectos de paz orientados a ofrecer soluciones, presta servicio en Tamera el recién estrenado Instituto de Trabajo de Paz Global (ITPG).

15 frases esenciales del trabajo por la paz y de la teoría política

Cuando se trabaja para Dios, no se cuentan las horas de trabajo

Maestros masones

En este punto quisiera aportar el resumen de algunas ideas fundamentales que se han descrito en este libro sobre el tema del trabajo por la paz. Quizá alguna de ellas contribuya a hacer el camino más llevadero. Siempre cuentan las frases que han comprendido nuestra mente y nuestro corazón.

1. Puedes producir tanta paz en el exterior como hayas logrado poner en práctica en tu interior.

2. Tus problemas personales no son tu enfermedad, sino tu cometido. Sirves a toda la Tierra cuando los aceptas y los resuelves.

3. La paz interior surge a través de la sensación de seguridad y de la unión con algo más grande: unión con la vida, con la comunidad, con el universo, con la divinidad.

4. Por consiguiente, la reconexión de nuestra vida con la Matriz Sagrada forma parte de las condiciones del trabajo por la paz con éxito, para fomentar una cultura mundial libre de violencia.

5. A través de esa reconexión del mundo terrenal y divino recibimos las fuerzas y los plenos poderes que necesitamos para poder superar dificultades que de otra manera serían irresolubles. Cuanto más sólida sea la unión, más elevada será la energía de nuestra parte. No tiene límites. Podemos ser tolerantes ante nuestras propias dudas y recaídas.

6. A causa de esa unión recibimos el poder de cambiar nuestras propias costumbres de pensamiento, de abandonar dentro de nosotros los pensamientos violentos secretos y de no responder con pensamientos de venganza a las vilezas más grandes.

7. En la unión superamos el miedo. El que permanece centrado, aún en situaciones peligrosas, está protegido de todos los peligros. No le alcanza ni la espada ni el diente del tigre (Laotse en el Tao te King). La unión

total lleva a un alto grado de invulnerabilidad física y psíquica. Si esto nos parece demasiado, es a pesar de ello, una dirección del objetivo, que resulta de la construcción de la realidad.

8. Si logramos romper la cadena global de miedo y violencia aunque sólo sea en un punto, toda la cadena pierde su estabilidad. Existe una gran probabilidad de que también se rompa en otros puntos. Entonces ocurre que penetre el amor allí donde antes había hostilidad.

9. Si logras sustituir en un solo punto de tu vida la vieja reacción del miedo o del odio por una acción de paz, habrás logrado un completo giro ejemplar que tendrá un efecto de campo en otras personas.

10. En este sentido el trabajo en la propia persona tiene también siempre un significado político. Aún los giros más pequeños pueden tener un efecto de creación de campo o incluso un efecto global, cuando están en resonancia con la matriz de la vida y con una posibilidad de todas las personas.

11. Por medio de cada pensamiento y de cada acción se envía una información al éter. Se difunde de manera parecida a las ondas de radio. Cuando está en resonancia con la Matriz Sagrada tiene efecto en todas las cosas. Esta es la base para la teoría de campo política y para el pensamiento: "actuar localmente, tener efecto global".

12. Por ello es importante que construyamos una información por la paz completa que concuerde con los principios básicos de la vida sagrada. Surtirá efecto, si se ha desarrollado claramente y sin contradicción, en todos los puntos de la Tierra.

13. Para crear una información por la paz tan compleja, clara, sin contradicciones y realista, necesitamos espacios propios, sociales y ecológicos en los que se puedan desarrollar. A tales espacios los llamamos "Biotopos de Curación".

14. Tan pronto como el primer Biotopo de Curación exista y funcione, surgirá por si misma, según las leyes de la creación de campo, una elevada probabilidad de que se creen centros similares en otros lugares de la Tierra.

15. Por este camino surge la nueva red humana en la Tierra: la federación global de los Biotopos de Curación y de todos los grupos que trabajan con ese fin. Forman el núcleo de una nueva civilización humana en cooperación real con todas las criaturas.

Capítulo 6

Tamera y el proyecto "Los Biotopos de Curación"

Tamera – La construcción del primer Biotopo de Curación

El proyecto de los Biotopos de Curación debería estar a lo largo de los capítulos de este libro claramente dibujado, no necesito describirlo más minuciosamente. En resumen:

la civilización actual ha difundido el código de la violencia sobre la tierra. Los Biotopos de Curación difunden el código contrario: el código de la confianza, la cooperación, y la solidaridad con todo lo viviente. Para que este código pueda tener efecto universal, debe construirse para él un campo, que esté en resonancia con el plan de la tierra (y con la matriz creadora). Para que este campo pueda formarse, el código debe ser entendido, enviado y realizado por una cantidad razonable de humanos. Este es el siguiente paso de la evolución humana en la nueva dirección. Debemos así crear lugares en la tierra, en los que la información completa para una tierra libre de violencia se desarrolle de una forma llena de sentido y eficiente y en los que se pueda enviar al Éter (Noosfera).

Para encontrar esta nueva unidad de información y transformarla en práctica de vida concreta, necesitamos comunidades, que en lugares escogidos de la tierra, en distintos continentes, pongan en práctica los principios de vida de los Biotopos de Curación. Estas comunidades están, a través de una red animada de contactos, información y cooperación, conectadas entre sí. Forman conjuntamente un nuevo "campo" global, como se describió anteriormente (capítulo 5, Tomo II). A través de este campo global se iniciará el próximo peldaño de la evolución humana. Existe ya como Matriz Sagrada en el proyecto de construcción de la creación, como futuro real en el banco de datos cósmico y como Utopía prehistórica en el plan de información de nuestras células. Biotopos de Curación son lugares en la tierra, donde con todo el empeño posible todos los habitantes llevarán a cabo la transición de la vieja a la nueva Matriz, para que se pueda llevar a cabo universalmente. Son los puntos de cristalización de la nueva sociedad terrestre.

La base del trabajo es la construcción de comunidades portadoras que funcionen con una infraestructura humana y técnica, que esté a la altura de las tareas futuras. Aquí se encuentran los mayores retos y dificultades, pues aquí deben sustituirse las viejas ideas de convivencia y armonía en lo más profundo por nuevos conceptos, como he descrito en el libro. Quizás se puede decir, que aquí se encuentra verdaderamente el trabajo pionero de nuestro tiempo. Nociones, que hasta ahora habían sido usadas como idioma de una deseada sociedad ideal, deben ser ahora realmente probadas y realizadas: nociones como "democracia de base", "confianza", "libre de violencia", "individuación", "amor libre", "autarquía", "respeto profundo por la vida", "cooperación con la naturaleza", "práctica de vida espiritual", etc. La "Utopía concreta" debe hacerse realidad ahora. Sus fundamentos son los paradigmas de la Matriz Sagrada. Es un proyecto fuera de lo común, sustituir el mantenimiento de creencias y el patrón de comportamiento, que se han establecido durante siete mil años en una historia de violencia en la humanidad, por nuevos valores, nuevos conceptos básicos de vida y nuevos comportamientos de buena voluntad – y eso en pocas décadas. Los portadores de un proyecto de esta clase necesitan poder de permanencia, para no perder de vista los objetivos a pesar de todos los roces, resistencias, malentendidos y amenazas. La formación de los portadores tiene lugar en una propia universidad fundada para ello, que después será descrita bajo el nombre de "Escuela Mirja".

Después de haber trabajado 12 años en nuestro proyecto, que comenzamos en el año 1978, llegó el cometido de construir el siguiente peldaño: la fundación del primer Biotopo de Curación. Decía más o menos esto: "Encontrad un lugar adecuado al sur, construid una comunidad y aseguraos, que las ideas del Biotopo de Curación se lleven a cabo. Haced todo lo posible, para que los seres, que viven con vosotros – humanos, animales y plantas – lleguen a confiar plenamente los unos en los otros. Hacedlo lo mejor que podáis y lo más rápido que podáis. La tierra necesita Biotopos de Curación, antes de que sea demasiado tarde. No os preocupéis, estáis bajo guía". Duró pues un par de años, hasta que un lugar adecuado en Portugal fue encontrado. Aparentemente no correspondía de inmediato a las representaciones de un lugar de sanación: 140 hectáreas de paisaje enfermo con alcornoques, jaras, zarzamoras y cardos, alguna construcción en ruinas para una planificada ¡fábrica de carne!, suelos fuertemente acidificados por el sobrepastoreo, Karstificación general y erosión, pero bastante agua subterránea y algunos lagos artificiales. Sin embargo el lugar era bonito y enérgico. Poco a poco exploramos la ubicación geomántica y la situación histórica anterior, en la que nos habíamos instalado. Habíamos seguido hasta aquí una guía, que aún no podíamos comprender completamente. Ahora se desvelaba lentamente el sentido de la elección de este lugar. Nos encontrábamos en medio de una red muy antigua de lugares sagrados, en los que las culturas originales de hace muchos miles de años estaban conectadas unas con otras. Las líneas de comunicación y las "líneas Lay", que se concentraban aquí, salían lejos de Portugal. Sabine Lichtenfelds ha descrito en ambos libros "Traumsteine" [Traducción literal: Piedras de sueño] y "Tempel der Liebe" [Traducción literal: Templo del amor] el significado de este descubrimiento. Nos encontrábamos en un centro de energía, que pertenece a uno de los cinco mayores centros de energía de Portugal. Un antiquísimo conocimiento matriarcal y espiritual estaba guardado aquí y era accesible. Nos encontrábamos en el Alentejo, una de las regiones más pobres y más rústicas de Portugal, y al mismo tiempo en una de sus fuentes históricas. A través de entradas mediales, que hoy en día según la moda calificamos como "Channeling" [Traducción literal: canalizando], se nos reveló desde aquí una imagen completamente nueva de la evolución humana y el desarrollo de culturas.

Duró de nuevo un par de años, hasta que tuvimos construidos alojamientos necesarios, salas de reuniones, talleres, instalaciones, equipos para abastecimiento de agua, suministro de energía eléctrica, etc.; el proceso está, como se puede pensar, aún sin terminar, pues siempre viene más gente para acá. Aún no podemos acoger a todos, porque aún tenemos que ampliar y consolidar más la infraestructura y la formación de campos mentales-espirituales, para ser capaces, de acoger al número de personas, que son necesarias para los Biotopos de Curación. Contamos con tener en 15 años un número de algunos cientos de personas. Hasta entonces se encontrarán en construcción mundialmente algunos Biotopos de Curación más. Un proyecto como este de los Biotopos de Curación debido a su formación de campos pone en marcha inevitablemente una reacción en cadena global.

En Tamera se desarrollan desde hace dos años cinco nuevas instituciones: el Instituto de Trabajo de Paz Global (ITPG) como centro para el trabajo de red global – la Escuela Mirja para la formación de trabajadores de paz – el Ashram político para el entrenamiento mental y corporal de los estudiantes – la Escuela de Jóvenes para el Aprendizaje Global (JGL) y el Centro de Arte (en el Monte Tesla). Otros cuatro proyectos, que pertenecen a las existencias centrales de los Biotopos de Curación, se encuentran en preparación: la República de los Niños, el Jardín de Paz, la Permacultura (jardín del bosque) y el nuevo Laboratorio Tecnológico. La construcción de Tamera es llevada a cabo actualmente por cerca de 50 trabajadores permanentes. Para poder hacer el trabajo que tenemos por delante en su totalidad, necesitamos aún colaboradoras y colaboradores cualificados en las siguientes áreas: horticultura, permacultura y diseño de paisajes – ordenadores e Internet – tecnología de la información – tecnología energética (sobretodo para sistemas energéticos con materiales de precisión) – investigación de corrientes/movimientos oscilatorios – investigación del caos y holografía – tecnología del agua. Necesitamos personal especializado con talento, con iniciativa propia y sin embargo con capacidad comunitaria o que esté preparado para serlo. Además necesitamos patrocinadores comprometidos, que quieran invertir su dinero preferiblemente en el desarrollo de la paz a en el de la guerra.

Una idea fundamental, que me movió hace 25 años a la fundación del proyecto, consiste en, crear un lugar para todos los pioneros de nuestro tiempo, donde puedan conducir sus pensamientos y desarrollos en una dirección común a la paz. Las universidades se habían vuelto en un sentido mental-espiritual aburridas y vacías. Pero yo me había encontrado en mis viajes con personas, que – al igual que el austriaco Sepp Holzer (ver capítulo 2, Tomo II) – trabajaban en grandes desarrollos, sin ser tenidos en cuenta por el público. La lista de los grandes aventureros y descubridores mentales-espirituales, que se inició en el siglo 20 con nombres como Rudolf Steiner, Albert Einstein, Nicola Tesla, Sigmund Freud, Wilhelm Reich, Víctor Schauberger, Alfred Wakeman, etc., sigue engrosando. Estaba fascinado por, lo que ocurría entre los bastidores de la ciencia pública y con que imperturbabilidad se podía encontrar aquí la preparación de una nueva civilización. Estaba también ciertamente sorprendido sobre la dimensión, con la que estas contribuciones pioneras eran ignoradas o bien combatidas por otros grupos y por el mundo establecido en conjunto. Estaba claro, que debíamos crear una posibilidad, de reunir de una manera conveniente todos estos desarrollos de futuro en las áreas de la ciencia, la ecología, la tecnología, la medicina, la espiritualidad y el arte. Por ello quisiera hacer de nuevo una llamada a los grandes pensadores de nuestro tiempo: ¡traed vuestro genio, vuestra inteligencia y vuestro don divino a un contexto lleno de sentido! ¡Dejad la posición de los luchadores individuales! ¡Dejadnos trabajar conjuntamente para un completo modelo de pensamientos, de vida y de creación futuros!

En el marco del ITPG (Instituto de Trabajo de Paz Global) se formará un centro de encuentros internacional, donde se reúnan personas de todos los países, para trabajar en un concepto de paz global. Pensamos en personas, que quieran seguir la argumentación completa a la pregunta, cómo es posible bajo las condiciones actuales un recate y curación de la vida planetaria en la tierra. Se formará un tipo sencillo de Centro de Congresos para el trabajo de paz global con los puntos esenciales nombrados en el libro. Los enumero de nuevo brevemente: sexualidad y Eros – nuevo movimiento feminista – comunidad – cooperación con la naturaleza y la creación – práctica de vida espiritual – formación global de redes y de campos – cambio de uno mismo y transformación individual, que es necesaria para el trabajo. Cada año tiene lugar en agosto una Universidad de Verano, a la que están invitados todos, los que quieran participar de alguna manera en el trabajo de curación y de paz. Me gustaría animar imperiosamente a todos los espíritus comprometidos – también a los jóvenes, con educación profesional o sin ella – que pudieran colaborar en el desarrollo de tal centro de curación planetario, a hacerlo. No nos dejemos acobardar por la grandeza de la tarea, esta corresponde a las monstruosas dimensiones de nuestro tiempo. Para todos, los que quieran conocer el proyecto, para colaborar eventualmente en este tipo de trabajo por la paz global, hemos establecido regularmente una serie de eventos, donde se puede conocer la silueta del proyecto teórica y prácticamente: cursos sobre comunidad, cursos de arte cursos espirituales, cursos teóricos, universidad de verano y campos de trabajo para la colaboración en los distintos grupos de trabajo. Jóvenes, que buscan para su futuro una perspectiva llena de sentido y que quieren participar en el trabajo de paz global, pueden encontrar una patria mental-espiritual y humana en la "Escuela de Jóvenes para el Aprendizaje Global".

Nosotros pedimos a todos los nuevos centros y proyectos comunitarios, que entienden el pensamiento del trabajo de paz global y que quisieran asumir una tarea en el proyecto de los Biotopos de Curación, un trabajo sinergético conjunto. Todos nosotros hemos notado que, el tiempo de la separación es pasado. Nos hemos concentrado durante años en diferentes aspectos de la gran tarea, ahora llega el tiempo de la complementación mutua. Hemos escalado nuestro monte conjunto desde diferentes direcciones, y ahora, que algunos de nosotros están cerca de la cima, vemos, que tenemos el mismo objetivo. Agradezco el trabajo conjunto venidero.

¡En nombre de la calidez por todo lo que tiene piel y pelaje!

La Escuela de Paz Mirja

La Escuela Mirja es una Escuela de Paz en el marco del proyecto Tamera. El proyecto está ubicado en el Alentejo portugués. Aquí se viene desarrollando desde hace unos años un nuevo concepto para el trabajo de paz global: el Proyecto de los Biotopos de Curación. Biotopos de Curación son centros de cultura de unos cientos de habitantes, en los que serán probadas nuevas formas de cooperación entre humanos, naturaleza y creación. Su fuerza de supervivencia está anclada en un principio de vida, el que se describe como "forma de existencia universal". La Escuela Mirja facilita los conocimientos y las capacidades, que son necesarios para la construcción de Biotopos de Curación que funcionen y para su interconexión mundial. La Escuela está conectada con un Ashram político, donde se profundizan los pensamientos de la educación básica a través de un entrenamiento mental y corporal.

1. La civilización humana actual está en las últimas. La globalización económica y política es una globalización de la violencia. Gobiernos elegidos democráticamente participan en el genocidio. El capitalismo global vive de la aniquilación de sus víctimas. El infierno se acerca cada día. Los atormentados pueblos, humanos y animales no tienen ninguna protección ni ningún foro en la tierra. Los valores humanos fundamentales de convivencia –verdad, confianza, participación, solidaridad y ayuda a los necesitados- están arruinados.

Las reformas no son suficientes, necesitamos paz. La paz no es ninguna reforma, sino la más absoluta revolución de nuestras condiciones de vida. La especia humana necesita un nuevo concepto de asentamiento y un nuevo concepto de cultura para su existencia en el planeta tierra. Necesitamos una nueva incorporación en el conjunto de la creación, un nuevo orden en la comunidad humana, un nuevo concepto para la sexualidad y el amor, una nueva forma de interconexión política y una comunicación fundamental con todas las criaturas de la tierra.

2. La Escuela Mirja es un centro de formación para la construcción de una fuerza de paz global. Aquí se formarán trabajadores de paz para las tareas culturales y políticas, que se nos acercan en los próximos años y décadas. Sirve también a la orientación vocacional en el marco de una cultura de paz planetaria. Los pensamientos y objetivos de este trabajo de paz están apuntados en el **Manifiesto de Tamera** (Dieter Duhm, marzo de 1999).

Todos los colaboradores de la Escuela Mirja – los estudiantes y los profesores – se encuentran en el estatus más elevado de alumnado. El aprendizaje realizado en un continuo creativo, donde todas las señales e impulsos – ya sean sueños o acontecimientos diarios, noticias políticas o una inesperada llamada de teléfono – sean incluidos en la educación. Al respecto Martin Buber: nosotros rezamos y Dios responde a través de acontecimientos, que nos llegan. La investigación sobre la oración – la investigación de la relación entre oración y realización – es una parte de la educación básica en la Escuela Mirja.

Todos los estudiantes de la Escuela Mirja antes han recorrido diferentes eventos en Tamera. Se deciden por una educación intensiva, después de haber conocido ya la orientación básica del proyecto. El estudio mínimo en la Escuela Mirja es de un año. Consiste en una formación básica de tres meses seguida de una práctica de nueve meses. La práctica tiene lugar en los diferentes ámbitos de trabajo, que son necesarios para la construcción de Biotopos de Curación y para el desarrollo de redes globales: abastecimiento de agua – abastecimiento de energía - taller de carpintería, cerrajería, etc. – horticultura – trabajo curativo – arte – gestión de grupos – trabajo con niños – tecnología e investigación – trabajo en red -- ordenador e Internet. Los estudiantes, en su mayoría entre los 20 y los 40 años, se hacen en este tiempo una idea general sobre el proyecto de los Biotopos de Curación, sobre otros proyectos internacionales, sobre sus propias posibilidades de empleo y sobre las profesiones necesarias de la cultura de paz en desarrollo. La formación básica sirve como preparación para la colaboración en la red de paz global, ya sea en colaboración con Tamera, la cooperación con otras comunidades y centros, la toma de contacto con antiguos pueblos de paz o una entrada en acción humanitaria en las áreas en crisis. Sobre todo estudian en teoría y en práctica las posibilidades de una convivencia futura libre de violencia entre todas las criaturas de la Tierra. La base del trabajo de paz aquí desarrollado se encuentra en la "forma de existencia universal", eso quiere decir, en la reconexión con los órdenes y las fuerzas de la creación más altas.

Todos los estudiantes trabajan de una u otra manera en la construcción de comunidades humanes funcionales, pues solo en comunidades vivas puede darse el conocimiento de paz, que necesitamos hoy, y solo humanos capacitados para la comunidad están en condiciones de ver una solución a los problemas sociales, sexuales, espirituales y ecológicos pendientes. El individuo autónomo, que es capaz de construirse a sí mismo y a su vida libre de miedos, no es un ser privado es un ser comunitario. Todo el Ser es de naturaleza comunitaria, todo desarrollo tiene lugar en comunidad, toda evolución es co-evolución. Las condiciones previas para una co-evolución sana son observación y confianza. De esta forma se cierra siempre de nuevo el círculo de formación teórica y vida práctica

Así pues se revelan los temas principales del programa de clase de la Escuela Mirja:
- Establecimiento de confianza entre humanos
- Cooperación con plantas, animales y seres mentales-espirituales
- Construcción de comunidades del futuro con capacidad para sobrevivir
- Reintegración de la vida humana en el orden universal de la creación
- Curación de la sexualidad y su liberación de todos los miedos y degradaciones
- Apertura de procesos de curación profundos del alma y del cuerpo
- Interrupción de la cadena mundial de miedo y violencia a través de la construcción de una información de paz concreta
- Gestión de grupos
- Trabajo de red global
- Teoría política de los Biotopos de Curación

3. La reintegración de la vida humana en el Todo cósmico reclama una profunda superación del miedo histórico almacenado. Si queremos sobreponernos a la cadena mundial de violencia y miedo, debemos superarla en nosotros mismos. En trances de regresión conmovedores atraviesan los participantes, qué tanto estamos implicados todos nosotros – a veces como agresor, a veces como víctima – en esta cadena histórica de miedo y violencia y qué consecuencias tiene esto para nuestra vida presente. En lo más profundo se encuentran los enredos en el área sexual, porque aquí en la época patriarcal de los últimos 5000 años se han usado los métodos más brutales, para imponer el miedo y la violencia como medio de dominio – en primer lugar contra la mujer, después contra todos los "inferiores", "insubordinados" o "pecadores". Si pensamos en ello, aún hace pocos siglos hombres de Iglesia han empezado seriamente, a exterminar al sexo femenino (el martillo de las brujas, la Inquisición), cuando vemos, con qué consignas "cortadles el rabo" ha devuelto el golpe el feminismo moderno, entonces presentimos , con qué difícil herencia estamos cargados todos nosotros – hombres como mujeres – en el área sexual. La represión o aplanamiento de la sexualidad se ha convertido en todas las religiones masculinas y países en el medio de dominio número uno. También es la condición previa para el consumo

desenfrenado, que corroe nuestros niños, nuestra naturaleza y nuestro planeta. Por esta razón una curación de los humanos y la Tierra es solo posible cuando consigamos, la curación de la sexualidad y devolvamos a las energías sexuales su orden divino. Una nueva cultura tiene sus raíces en una nueva relación entre los sexos. Los conceptos de reforma que se ofrecen hoy no tienen más la fuerza de una verdadera renovación. No respetan el hecho, de que curación tiene que ver con consagramiento y que la curación espiritual-mental solo es posible, cuando está asociada a la curación sensual y al contrario. Estas no son palabras vacías, sino exigencias serias a nuestro propio trabajo. Las comunidades del futuro habrán deshecho los nudos sexuales – o no existirán. Religión y Eros eran las fuentes de nuestra existencia. Necesitamos nuevos conceptos para ambos, con los que puedan volver a serlas. En este sentido la Escuela Mirja es una escuela de misterios "exotérica", donde conocimientos de tiempos antiguos estarán asociados con las exigencias de una nueva época cultural. En lo más profundo se encuentran la transformación de la violencia, la integración con las fuerzas de creación divinas y el redescubrimiento de nuestra tierra Gaia como un cuerpo viviente común, animado y consciente. Los pasos de aprendizaje individuales están a menudo acompañados de extraordinarios contactos con animales. Los animales son como nosotros aspectos de una gran consciencia y buscan la comunicación con nosotros. Bajo tales puntos de vista se desarrolla por si misma una forma de vida prudente, cuidadora y vegetariana.

4. Un campo de aprendizaje central en la Escuela Mirja es la construcción de comunidades que funcionen. Aquí necesitamos conceptos totalmente nuevos. Ninguno de los viejos conceptos de líder y seguidor, pertenencia y exclusión, colectivismo y uniformismo, cohesión en el interior a través de enemigos en el exterior, etc. es capaz de corresponder a las exigencias de una convivencia humana libre de violencia y miedo. También los nuevos conceptos de "autoritario" o "antiautoritario", "centralista" o "descentralizado", "jerarquía" o "democracia de base" no nos dan mucho, cuando se trata de asentar fundamentos sostenibles y positivos para una nueva confianza entre humanos.

Las nuevas comunidades son por supuesto democráticas de base, pero ¿qué cualidades internas de verdad, de sentido de la responsabilidad y ética comunitaria deben haber desarrollado los miembros de una comunidad, para poder actuar realmente de forma democrática? Las comunidades de los últimos 30 años no fracasaron contra un enemigo externo, fracasaron en sus conflictos y rivalidades internos.

Si nosotros queremos sobrevivir a la crisis ecológica y social, que hemos causado, estamos obligados a aventurarnos en una dramáticamente nueva empresa comunitaria. Comunidad entre humanos, pero también comunidad con todos los seres vivientes y – aún cuando hoy en día siga sonando extraño – comunidad con los seres espirituales y con las fuerzas del universo. Ser superiores es estar unidos de forma más extensa, dijo Teilhard de Chardin en su vista sobre los órdenes de la vida superiores y estables.

La base de una comunidad humana que funcione es la confianza. La confianza surge de la verdad, del apoyo mutuo y de la transparencia de los acontecimientos, ante todo de la transparencia de las estructuras de poder, de decisión y estructuras sexuales subsistentes. Modelos convincentes para comunidades humanas surgen entre otros de los sistemas de holografía e investigación del caos. Son sistemas no lineales, abiertos, no cerrados por ninguna parte y muy complejos, en los que la naturaleza ha organizado la vida comunitaria. Del estudio de dichos sistemas surgen los parámetros necesarios para la funcionalidad, la fuerza de supervivencia y las posibilidades de crecimiento de comunidades humanas. Surgen todos ellos de la asociación y la coherencia (compatibilidad) con la siguiente estructura superior de la creación.

Esta coherencia superior con órdenes universales posibilita un proceso, que es decisorio para que continué la evolución de la humanidad: las energías acumuladas, que en el viejo sistema se descargan "hacia abajo" regularmente a través de destrucción y guerra, pueden ahora "escaparse hacía arriba" y ser eficaces a un nivel adecuado superior.

El principio organizador de fuerzas de vida caóticas no se encuentra bajo, sino sobre las estructuras de orden de las viejas sociedades precedentes. La estabilidad deseada ya no excluye de estos planos superiores nuestras fuerzas motrices elementales sino que los incluye expresamente. Con ello está anulada la funesta doble moral, en la que debía moverse la sociedad humana durante miles de años. Estos son contextos, que serán reflexionados y desarrollados de múltiples maneras en la Escuela Mirja.

Se ve, porqué una buena porción de educación teórica muy elemental debería formar parte del programa educativo de los nuevos centros. Aquí no se trata de simple propagación de conocimientos, sino de nuevo conocimiento en el sentido de una nueva orientación general. Es un "Estudio general" de nuevo formato. Los cerca de 30 participantes de un curso de tres meses forman una comunidad, que puede probar y comprender los nuevos principios por si misma. Así está conectado siempre el trabajo de investigación en la Escuela Mirja con la concreta experiencia propia.

"Solo sobrevivirán las tribus": esta frase de un líder indio (Vine Deloria jr.) es quizás algo exagerado, pero llega al fondo de la cuestión, en caso de que no pensemos al hablar de "tribus" en habitantes de las cuevas, sino en núcleos de cristalización altamente conscientes de la humanidad post-capitalista.

5. Una parte esencial de la educación es "el trabajo en sí mismo". Podemos originar tanta paz en el exterior, como hemos conseguido en el interior. Los conflictos, que experimentamos en el exterior, son reflejos de conflictos potenciales, que – como parte de la historia y como parte de la humanidad – llevamos dentro de nosotros mismos. También las estructuras agresor-víctima existentes están profundamente amarradas en nosotros mismos y en nuestra historia kármica. Los enemigos del pasado actúan hoy como nuestros amigos y al contrario. Los asuntos se repiten, hasta que se han solucionado. Debemos solucionarlos, para evitar más reacciones en cadena. La solución empieza por nosotros mismos. Tenemos que despedirnos de algunos juegos del Ego, que hemos aprendido en el desierto colectivo, despedirnos de las costumbres de chantaje a las que hemos tomado cariño, del sentirse ofendido y de la terquedad; nos despedimos automáticamente, en cuanto que nos llenamos de lo grande. Aprendemos a separarnos de miedos arraigados, de los engaños, las fanfarronerías etc., para entrar en el círculo de actuación de una comunidad capaz de sostener. Nos despedimos de los pensamientos de odio y de venganza, de la condena y de la difamación y nos conectamos con un orden superior de fuerza, vista de conjunto y solidaridad humana. Para los colaboradores profesionales se trata casi siempre de la solución de nudos de miedo y rabia profundamente guardados, que hasta ahora han sido un estorbo para el completo despliegue de su fuerza y su vida amorosa. Las relaciones amorosas son uno de los campos de acción preferidos para pasos estrechos privados y conflictos. Dos amantes solos no pueden pagar los platos rotos, de lo que las generaciones anteriores han causado en el campo del amor, la obligación histórica de fingir y la propia represión han dejado demasiadas heridas, demasiado miedo a la separación, con los que dos humanos solos podrían arreglárselas. Pero no puede haber paz en la tierra, mientras haya guerra en el amor. Los estudiantes aprenden, lo que significa, no ver estos conflictos como privados, sino como parte de un tema histórico, que nos atañe más o menos a todos nosotros. Quien soluciona sus conflictos, hace este trabajo

en representación de todos los otros y efectúa así pues un servicio por la paz. Este es otro punto de vista completamente diferente de los así llamados "problemas personales". Éste facilita a los trabajadores por la paz, el no esconderse más de los otros.

El trabajo en la propia transformación será apoyado por el grupo. La Escuela Mirja ha desarrollado para ello varios métodos. Que van desde el método de la "auto-representación" delante del grupo hasta trances curativos y regresiones. El Ashram político pone a disposición lugares especiales y alojamientos, para los que necesitan temporalmente un retiro (retreat), para aclararse con el mundo.

La transformación pendiente requiere una frecuencia de permeabilidad, de apertura, de limpieza del alma y del cuerpo. Está planeado un campo de entrenamiento continuo (con gimnasio), donde las fuerzas mentales-espirituales y corporales puedan ser cuidadas y aumentadas, como parte de la educación básica.

Sabemos, que la ayuda del universo nos sale al encuentro, si estamos preparados para ello, para recibirla. "No por las propias fuerzas" es por ello una frase guía de la emergente práctica de vida espiritual.

6. El marco mental-espiritual de nuestro trabajo constituye la **Teoría Política**. Esa es la teoría de los Biotopos de Curación y su divulgación sobre la tierra. Describe en términos teóricos la gestación de una nueva cultura planetaria. Los conceptos desarrollados por Sheldrake sobre el "campo mórfico o morfogenético" y la "resonancia mórfica o morfogenética" están en vigor no solo para nuevos comportamientos en la naturaleza, sino también para nuevos progresos en el ámbito humano. Un nuevo sistema ecológico, un nuevo sistema social, un nuevo sistema mental-espiritual se extiende en el sentido de la formación de campos, cuando concuerda con una línea de evolución latente del Todo.

El mundo es un Todo. Cada punto del universo está animado y lleno del Todo. Nosotros no seguimos aquí la imagen del mundo físico de Newton, sino la de Giordano Bruno. Las fuerzas y órdenes del Todo producen efecto en todas sus partes. También en imágenes deformadas y despedazadas es aún reconocible el Todo (como en una película holográfica). Se puede a través del punto de vista correcto (rayo de referencia) ser visto otra vez. Lo que vemos, cuando orientamos nuestra frecuencia al Todo sin perturbaciones, lo nombramos en la Escuela Mirja la "Utopía prehistórica", el "sueño" o la "entelequia" de las cosas. Los estudiantes practican este punto de vista en su contemplación diaria de humanos, animales, plantas, mitos, religiones, comunidades y en el estudio de la historia. También la historia sigue al "Todo" y sustenta el germen del Todo como "Utopía prehistórica" en sí. Es cada posibilidad concreta, lo que Ernst Bloch ha señalado como "utopía latente" o como "Nondum". Nosotros tenemos – como ojos del Todo – la posibilidad, de ver y reconocer esta utopía prehistórica. De ello se desprende la posibilidad de realizarla en lugares elegidos a modo de prueba. Dichos lugares se llaman "Biotopos de Curación". Cuando la información de paz allí desarrollada concuerda con el Todo, se forma un inminente efecto de campo. Actúa en todas partes. Produce efecto en el organismo de la Biosfera, como un medicamento actúa en el organismo del cuerpo humano. Actúa en el sistema energético del mundo como una aguja de acupuntura bien colocada en el sistema energético del cuerpo. Esta "ley de campo" actúa en la evolución de la vida en la tierra, también está en vigor para la evolución de los humanos y su comunidad, ese es el pensamiento básico de la teoría política. Para curar el completo organismo de la Biosfera, no debemos trabajar todas sus partes, es suficiente un "Medicamento" o bien una entrada en el lugar correcto con un contenido correcto, para atraer las fuerzas sanadoras al Todo. Se trata ahora de, construir Biotopos de Curación, donde se desarrollará en una práctica concreta una amplia información para una co-evolución libre de violencia y en confianza. Cuando está información ha conseguido un grado de madurez suficiente y cuando concuerda con los inmanentes planes de construcción de la creación, actúa por ella misma en el sentido de la formación de campos morfogenéticos: se formarán entonces en otros lugares de la tierra Biotopos de Curación parecidos.

Los Biotopos de Curación globales en desarrollo son los núcleos de cristalización de la nueva época. Desde la red de Biotopos de Curación se organizan los modelos de orden para una nueva comunidad planetaria entre todos los seres vivientes.

La Escuela Mirja está conectada solidamente con el "Instituto de Trabajo de Paz Global" (ITPG) fundado recientemente en Tamera, con el Ashram político y con el centro de arte, donde se experimentan nuevos caminos de percepción y creación. El arte ocupa en nuestro trabajo un gran lugar, porque se liberan fuerzas creativas, que están conectadas directamente con el proceso de curación. Junto la formación profesional en la Escuela Mirja hay para jóvenes trabajadores de paz la "Escuela de Jóvenes para el Aprendizaje Global" (EJAG). Coordina el trabajo juvenil de distintos grupos, organiza grandes viajes y establece contactos con los pueblos de paz, con proyectos de paz internacionales, con protectores de animales comprometidos y grupos medio ambientales. Los jóvenes adquieren un conocimiento global sobre las condiciones de vida en nuestro planeta y sobre las posibilidades de empleos llenos de sentido.

Ruego, apoyo para la continuación de la construcción de la Escuela Mirja y el ITPG (Instituto de Trabajo de Paz Global) con todos los medios materiales y económicos.

Dieter Duhm, Tamera, Febrero 2000.

Manifesto de Tamera

por una cultura global de la paz

Este texto esta dirigido a representantes de diversas organizaciones de derechos humanos, de protección de la naturaleza y de los animales, proyectos para la paz, comunidades del futuro y personas particulares que están dedicadas especialmente al trabajo para la paz. Con este texto solicitamos apoyo y colaboración en el desarrollo de un proyecto para acabar con la matanza global tanto de seres humanos como de los animales. La guerra contra la mutilación global de la vida, la lucha para la liberación de pueblos y minorías, el trabajo para la sanación del ser humano y el trabajo de curar la naturaleza tienen que estar conectados de una buena manera. El texto contiene algunos pensamientos sobre la creación de una fuerza pacifista global y una perspectiva para un futuro humano. Rogamos distribuir este texto entre personas comprometidas.

1. Siete principios básicos

1. Nos encontramos hoy ante la mayor revolución desde el Neolítico. Es el tránsito de la época patriarcal a una nueva forma de civilización humana.

2. Las estructuras globales de violencia y de miedo, la guerra de los sexos y el dominio de los hombres, racismo y genocidios, explotación del Tercer Mundo y de la naturaleza tienen condiciones históricas y por consiguiente pueden ser cambiadas desde un punto de vista histórico.

3. También los problemas personales, por los cuales hoy millones de personas consultan a los terapeutas, están condicionados históricamente y por ello necesitan, aparte del tratamiento individual, una respuesta social y política.

4. La crisis mundial a nivel ambiental y a nivel interno son dos caras de la misma enfermedad. Solamente mirando los dos aspectos al mismo tiempo, pueden ser entendidos y solucionados.

5. A través de una lucha contra la mujer, que dura ya miles de años, y a través de la represión histórica de la sexualidad, se ha destruido en gran parte el amor entre los sexos. Una nueva cultura no violenta radica en una nueva relación entre hombre y mujer.

6. Los orígenes matriarcales y espirituales de la cultura humana se perdieron con la expansión imperialista de dominio masculino del estado, la religión y de la iglesia. Los tenemos que reencontrar en otro nivel para hacer posible el desarrollo de una cultura no violenta y global.

7. La crítica del sistema existente ya no es suficiente hoy en día. Necesitamos lugares concretos en la tierra, donde las nuevas formas de vida puedan ser desarrolladas y experimentadas. A tales lugares los llamamos "Biotopos de Curación".

2. Sólo hay un ser

Sólo hay un ser. Todas las criaturas forman parte de las leyes y de las fuerzas del ser único. Todas están interrelacionadas, todas juntas constituyen la red de la vida.

La Tierra es un organismo coherente. Todos los seres de la Tierra forman juntos un sólo cuerpo vivo compartiendo la misma base de información (código genético), la misma conciencia y la misma voluntad de vivir.

Cuando la red de la vida está perturbada por la violencia y el miedo, todo el cuerpo se pone enfermo. La enfermedad de la naturaleza y la enfermedad dentro del ser humano son dos caras de la misma enfermedad global, generada por la violencia y el miedo.

Nuestra civilización moderna está en gran parte construida a base de destruir vida (alimentación, vestuario, cosmética, medicina, explotación de recursos naturales etc.). Las víctimas son las plantas, los animales, los niños, las minorías étnicas y religiosas, los pueblos del Tercer Mundo y nosotros mismos.

La violencia que infligimos a otros seres, acaba volviendo hacia nosotros mismos en forma de enfermedad, miedo y debilidad interior. Vivimos en una sociedad de gente enferma. Ese tipo de enfermedad no se puede curar a través de terapia individual.

Las bases de nuestra forma de vida actual son éticamente insoportables. Somos directa o indirectamente cómplices de una catástrofe global, de la cual seremos víctimas, si continuamos con este desarrollo.

El problema ya no puede ser resuelto por medio de llamamientos moralistas o de correcciones parciales. Necesitamos un nuevo proyecto de la cultura y la sociedad humana, una nueva perspectiva de la vida y un nuevo proyecto de nuestra estancia en la Tierra.

3. Carta de los derechos humanos y de todas las criaturas

Todas las criaturas - humanos, animales, plantas, tribus y pueblos - tienen su razón y su función especial en la estructura de la creación.

Todas tienen un derecho a su forma específica de vida y su estatus existencial en el plano de la creación. Todas tienen un derecho a desarrollarse sin miedo.

Todos los seres tienen derecho al libre y sano uso de sus órganos, a su alegría de vivir, a su curiosidad, a sus relaciones amorosas, a sus comunidades, a sus biotopos naturales y a su conexión especial con la totalidad de la creación.

Todos los seres vienen (como embriones y niños) de un mundo acogedor y lleno de confianza. Todos tienen el derecho a desarrollarse a lo largo de sus vidas en esa misma confianza. Todos tienen el derecho a esa forma fundamental de salud y paz interior que es resultado de la confianza.

Todas las criaturas, que tienen piel o pelo, tienen el derecho al calor y a todas aquellas condiciones de vida que les proporcione ese calor.

Todos los seres tienen el derecho a ser alimentados y a todas aquellas condiciones de vida que les proporcione la alimentación.

Todos los seres tienen el derecho de moverse libremente, lo cual es necesario para su desarrollo, su alegría, y su salud, tanto física como mental. No pueden ser atados ni encarcelados en jaulas.

Todos los seres poseen órganos específicos para descubrir la vida y contactar con el mundo (extremidades, órganos sexuales, alas, cuernos, rabos, garras, aletas, etc.). No se les puede impedir servirse de ellos con circuncisiones o mutilaciones.

Todos los seres coexisten en una inmensa hermandad cósmica. Entre los humanos y los animales no hay diferencias fundamentales, solo graduales.

Todos los seres tienen por ello el mismo derecho a ser habitantes de la Tierra.

4. La cadena global de violencia y miedo

Vivimos hoy, a nivel mundial, la herencia de una época histórica sangrienta. Las crueldades, que los seres humanos infligen unos a otros, a sus hijos o a los animales, solo se puede aguantar apartando la mirada sistemáticamente. Vastas regiones de la Tierra ya han sido abandonadas por las organizaciones humanitarias internacionales, y de muchas regiones ya no oímos nada en las noticias porque ya no se puede hacer nada por ellas. La única razón por la que seguimos durmiendo tranquilos es que (aún) no estamos en la fila de las víctimas, ni siquiera podemos imaginarnos qué tipo de realidad se esconde detrás de palabras como "holocausto", "genocidio", "guerra civil", "tráfico de armas", "policía secreta", "escuadrón de muerte", "suplicio", "circuncisión", "mutilación". Todas ellas conforman la realidad cotidiana de millones de personas. Las inconmensurables violaciones de los derechos humanos en un país como China se subordinan al cálculo político y económico.

Las consecuencias del tráfico internacional de armas se evalúan a través de movimientos en la bolsa y cuentas bancarias, no teniendo en cuenta la increíble miseria humana que aquello provoca. Pero cuando pensamos que los niños quemados o mutilados podrían ser nuestros niños, de repente captamos brutalmente lo que está pasando. Una red apocalíptica de violencia se ha extendido sobre nuestra Tierra desde que el imperialismo masculino se erigió a finales del Neolítico contra la creación, contra la vida y contra el principio femenino.

Desde la revolución patriarcal el poder significa ejercer violencia. Todos los grandes sistemas políticos, económicos e ideológicos se basan desde entonces en la violencia. La violencia genera miedo. A través del miedo se puede dominar a la gente. El miedo es necesario para mantener los sistemas de violencia existentes. El miedo bloquea nuestra capacidad de amar y nuestra disponibilidad para establecer contactos, el miedo bloquea el contacto entre humanos y animales. El miedo es la principal dificultad ecológica de nuestra época. El miedo y la violencia son hermanos gemelos que se generan uno al otro. El miedo lleva al bloqueo y en consecuencia a la acumulación de una energía de violencia latente. Los indescriptibles horrores del fascismo alemán obedecían igualmente al principio cruel de esa descarga de energía. Es necesario entender ese proceso profundamente para solucionarlo y superarlo. A través de eslóganes de poder e imágenes de enemigos se activan seres con mucho miedo que desencadenan erupciones de violencia colectiva como las que experimentamos cada día en nuestro mundo. Este problema solamente podemos solucionarlo si conseguimos romper la cadena de miedo y violencia en un punto crucial. No bastan apelaciones a la paz ni argumentos moralistas, ya que el miedo y la violencia se convirtieron en parte del organismo humano, y están profundamente conectados con las estructuras de las sociedades existentes. El trabajo de curación y para la paz no es entonces sólo un trabajo individual, sino que también es siempre un trabajo político. Hoy en día trabajar para la paz significa: crear condiciones de vida, estructuras económicas y relaciones de producción, espacios sociales y sexuales, ambientes ecológicos y estructuras espirituales que sean capaces de generar una paz y curación estructural.

La palabra clave de la paz estructural es confianza. El miedo y la violencia sólo pueden ser superados a nivel estructural restableciendo la confianza básica que teníamos todos al empezar nuestras vidas. Así, una de las tareas principales del actual trabajo para la paz es la creación ejemplarizante de espacios, en los cuales puede resurgir esa confianza original.

Hacer un trabajo para la paz significa también identificarse con un ímpetu pacifista, libre de miedo, protegiendo la vida, allí donde se esté. Ese tipo de decisiones esenciales requiere una gran capacidad revolucionaria. Esta surge cuando empezamos a entender cómo hemos perjudicado a los demás seres con nuestro hábito de permanecer callados.

5. Parad la matanza de los animales

Un aspecto particular de la violencia global es la violencia contra animales. Son indescriptibles, por su crueldad y número, los horrores que diariamente son infligidos a los animales en todo el mundo. ¿Cual es la experiencia de un perro, cuando está siendo disecado vivo (vivisección) en el departamento de una universidad de medicina? ¿En qué métodos de creación y de destrucción de animales está basada nuestra gastronomía, nuestra cosmética, nuestra farmacología, nuestro vestuario? ¿Qué información de miedo y crueldad es transmitida a la esfera terrestre a través de las prácticas de un laboratorio de animales, de una granja de producción de pieles o un de matadero, miles de veces al día? ¿Qué viaje de sufrimiento ha pasado el animal, que termina siendo un hamburguesa o un "Big Mac" en un Mc Donald? No puede haber paz en la Tierra cuando nosotros activa o pasivamente, como agentes o cómplices, soportamos la matanza en masa de los animales.

Los animales son seres como nosotros, la diferencia está solamente en el grado del desarrollo. Ellos son seres con alma que aman, juegan, tienen curiosidad y buscan el contacto, necesitan nuestro apoyo para volver a llevar una vida adecuada en este planeta nuestro. Muchas veces se comportan como niños. Pertenecen al cuerpo vivo de la tierra y forman parte, cada uno de su manera y con sus habilidades específicas, de la investigación universal, a través de la cual la vida en la Tierra manifiesta su riqueza, su profundidad y su perfección. Nos ayudan a entender la vida, a ver nuevas posibilidades y a aprender nuevas orientaciones y nuevas formas de comunicación. Algunos de ellos, sobre todos las ballenas y los delfines, crearon debajo del agua una existencia cósmica y una inteligencia, que es superior a nuestra cultura actual en algunos aspectos. Hay que aprender de ellos en vez de matarlos. Hombre y animal forman parte del mismo cuerpo vivo de la biosfera, necesitan y se complementan el uno al otro como los órganos del mismo cuerpo. No solamente coexisten, sino que están hechos para comunicarse activamente entre ellos.

Cuando esa comunicación vuelve a funcionar, constatamos lo que las culturas antiguas de paz de esta Tierra siempre sabían: los animales son, como nosotros, un aspecto del ser único y de la conciencia única, solamente unidos somos capaces de realizar toda la belleza de la vida en la Tierra.

6. El poder de la utopía concreta

Si queremos superar la guerra, necesitamos una visión concreta para la paz. Si queremos superar el campo de fuerza global de la violencia, necesitamos una visión concreta para un campo de fuerza global de la paz. En la revuelta de los estudiantes de los años sesenta vimos, qué fácil resulta luchar juntos contra algo, y qué difícil resulta también vivir juntos. Sabemos solucionar el problema de una cadena de policías, pero no el problema de quién friega los platos en la casa comunitaria, ni el problema de la jerarquía en nuestros grupos, ni siquiera el problema de la sexualidad. Con la excepción de algunos discursos sobre una vida libre de dominio, no teníamos ninguna visión positiva, ninguna utopía concreta para una nueva forma de vida. Las luchas de liberación han sido luchas en **contra** de la injusticia en vez de una **lucha** en favor de la concretización de una visión clara y realista de la paz y de la justicia.

La tarea de Tamera es el desarrollo profundo tanto de una utopía concreta para una nueva forma de cultura y sociedad humana, como de una nueva conexión entre nuestras vidas, los seres de la naturaleza y las fuerzas

171

de la creación. Tal utopía concreta contiene una imagen relativamente precisa y una información global compleja en pos de una cultura real de paz. La diferencia entre utopía e imaginación ilusoria se ve en el hecho de que la utopía está en sintonía con el plano interno y con las posibilidades reales del universo. Todos los seres llevan dentro de sí, una utopía concreta ("entelequia", forma ideal interna) que guía su desarrollo. El poder de la utopía concreta es inmenso, es la capacidad de transformar una semilla en un árbol, una oruga en una mariposa y un embrión en un ser humano adulto. Los individuos no poseen ese poder a través de su propia fuerza, sino a través de su conexión con el todo. La utopía concreta es la matriz por la cual el poder del todo infiltra en el individuo y le lleva a su realización. Si una oruga quisiera transformarse por propia voluntad en una mariposa, se confrontaría con una tarea imposible. La utopía concreta es el agente mediante el cual todos los seres consiguen vencer sus limitaciones del momento.

El funcionamiento de la utopía concreta sigue un principio de fuerza que es muy superior a todos los principios mecánicos. Un pequeñísimo germen de césped tiene la capacidad de penetrar una capa de asfalto de cinco centímetros. No lo consigue a través por medio de su propia fuerza sino a través de su conexión con el todo, que le viene de su cianotipo o matriz interna. Entonces la lucha entre el germen de césped y la capa de asfalto se decide en un nivel completamente distinto. Por una vía análoga las fuerzas de paz pueden triunfar sobre las fuerzas de destrucción, aparentemente superiores.

No cabe duda ninguna que es posible un cambio fundamental hacia un futuro sin violencia, si somos capaces de encontrar la utopía concreta correcta para nosotros y para nuestro desarrollo social. Estaríamos así en la posesión de una matriz o cianotipo, mediante la cual todo el poder de la creación podría fluir en nuestro trabajo. Es el único poder que es más potente que la guerra. Esta es precisamente la idea central de Tamera: desarrollar la utopía concreta que está pendiente en el desarrollo entelequial de la historia actual para influir con la fuerza de esa utopía pacifista sobre las luchas decisivas de nuestra época.

El "sueño " interno de la humanidad es la visión -aun sin cumplir pero real- de una comunidad global, solidaria y unida de seres humanos y de pueblos, conectados por un mutuo espíritu de ayuda mutua y amor por todas las criaturas de la Tierra. ¿Qué significa este sueño en concreto para nuestra alimentación y producción, para la convivencia hombre-mujer, para la organización política de las nuevas comunidades, para la comunicación mundial, para la colaboración con los seres de la naturaleza y las fuerzas de la creación? ¿Qué significa este sueño para nuestra convivencia con los animales salvajes, con los domesticados, con los caracoles en las huertas? ¿Qué significa en concreto este sueño para nuestra vida cotidiana, nuestra forma de comer, de trabajar, de amar y de rezar?

¿Con qué tipo de acumulación de fuerza y práctica espiritual somos capaces de reconocer y de manifestar la utopía concreta que está inherente dentro de la historia y dentro de nosotros? Con esas preguntas nos encontramos justo en el punto arquimédico, en el cual se toman las decisiones cruciales. No existe ninguna razón de mantenernos encarcelados en los antiguos modelos de una vida pasada.

7. Puntos de curación en la tierra

La Tierra está atravesada y envuelta en una red de líneas geománticas (líneas de fuerza). Nuestros antepasados construyeron a lo largo de esas franjas energéticas sus monumentos sagrados y sus caminos de peregrinación. Aún hoy encontramos ahí muchas reliquias de estos tiempos antiguos, aunque en épocas posteriores fueran alteradas. La cultura cristiana, en especial, se servía de vetustos lugares "paganos" de poder para usarlos según sus fines. Un impresionante ejemplo se ve en la catedral de Chartres, cuya gigantesca construcción gótica está erigida sobre cuatro capas históricas antiguas, que han servido a todos los cultos. Donde se encuentran y se cruzan grandes líneas de energía están situados los puntos naturales de sanación de la Tierra. Esos puntos se parecen a los puntos de acupuntura de la red de meridianos en nuestro cuerpo. En los mayores nudos de comunicación energéticos se encontraban los poderosos centros sagrados de la antigua humanidad. Fue ahí donde surgieron, mucho tiempo antes de nuestra era, los antiguos círculos de piedra (a menudo mucho más antiguos que "Stonehenge"), los antiguos lugares de oráculos y los antiguos templos, como por ejemplo en Malta. Ahí se encontraron también los lugares de iniciación para los elegidos que ejercían funciones sagradas. Las sacerdotisas, que se ocuparon de estos centros, tenían sobre todo la tarea de asegurar la comunicación global entre estos centros y así cuidar el campo curativo de la Tierra. En todos los continentes encontramos hoy los vestigios de estos centros sagrados de una religión antigua global, como por ejemplo en Perú, Portugal, Irlanda, Eritrea, Malta, India, Tíbet, Australia e Polinesia. Aquellos lugares aún no se han "apagado"; sus informaciones y sus fuerzas espirituales siguen actuando aún. En el ámbito de un trabajo de cura global tendría sentido reactivar esos lugares y recuperar su red de conexión espiritual. La recuperación de una sana red geomántica sobre toda la Tierra forma parte de las tareas de curación de la nueva época.

El segundo aspecto de la red de sanación son las culturas pacifistas de la Tierra aún existentes. A pesar de su erradicación en la época patriarcal, sobre todo por el cristianismo y la colonización, algunas persisten aún más o menos en su forma original. Por ejemplo algunas tribus de los aborígenes de Australia, grupos de tibetanos, de esquimales, de indios, gente de la India, de africanos, de poblaciones de los Andes, etc. En ellos vive aun una sabiduría anciana de una Tierra sana y de las relaciones eternas de la creación. Tenemos que retomar esa sabiduría en otro nivel para reconectarnos con el poder y lo sagrado de la creación. Es una obligación urgente de este momento, el proteger esos pueblos para que no sigan siendo extinguidos.

El espíritu moderno del próximo tercer milenio debe retomar el contacto con las fuentes eternas espirituales de los tiempos arcaicos sin retroceder a las antiguas formas de cultura. La humanidad vivió hace cientos de miles de años de esas fuentes antes de ser separada de ellas por la revolución patriarcal. Los conocimientos de esas fuentes están inscritos y presentes en nuestras células, no están perdidos y pueden ser resucitados de nuevo hoy. Los pueblos de paz hoy existentes no constituyen una atracción turística, sino que son los últimos portadores de una sabiduría de paz, que una vez existió en la Tierra. El encuentro con ellos es necesario para poder conectar el antiguo campo de paz con el nuevo. Ellos necesitan nuestra ayuda como nosotros necesitamos la suya.

8. El tema de los sexos

No puede haber paz en la Tierra, cuando continúa la guerra en las relaciones amorosas. Los cinco mil años de historia de la era patriarcal es la historia de una guerra entre los sexos, que aún hoy no ha terminado. La lucha contra el mundo femenino es el capítulo más cruel de la historia de la humanidad. Hasta el día de hoy ninguno de nosotros ha podido recuperarse de ello. Solamente podremos crear proyectos pacifistas para los seres humanos y para la Tierra, si somos capaces de entender y terminar esa lucha loca, también dentro de nosotros mismos. Uno de los primeros deberes de cualquier proyecto dirigido al futuro es invertir todos los esfuerzos en la liberación de la relación hombre-mujer de todos los tabúes, de los prejuicios, de las maldades siniestras y de las crueldades de una época loca. Una nueva cultura de amor no violenta radica también muy esencialmente en una nueva relación no violenta y amorosa entre los sexos. Este es un punto que ya no puede ser ignorado por los nuevos proyectos de ecología, espiritualidad y curación, si pretendemos alcanzar soluciones realistas. No hay ninguna ecología sana, si falta una sexualidad sana y satisfactoria.

Todos nosotros somos el fruto de una unión sexual entre un hombre y una mujer. La sexualidad es la fuente biológica de nuestra vida, es de hecho el verdadero "tema número uno", puesto que somos seres con un cuerpo carnal. Una perturbación a nivel sexual perturba todo el organismo. Casi todas las enfermedades de las sociedades occidentales están relacionadas con perturbaciones de la regulación energética de la sexualidad, y la mayor parte de las enfermedades psíquicas y psicosomáticas está basada en problemas amorosos no solucionados del amor entre los sexos. Los conflictos de amor no resueltos causan cada año más casos mortales que los accidentes de coche, y esos tienen muchas veces exactamente la misma causa. Cuando los sexos no están satisfechos en el amor, tienen que compensar esa falta recurriendo al turismo, al consumo, al estatus social, al poder y a la guerra, los cuales constituyen precisamente la base de la actual sociedad mundial de capitalismo.

Las condiciones para un futuro libre de violencia son la superación global de la guerra entre hombre y mujer, la liberación del hombre de sus secretos miedos sexuales y de sus sentimientos de impotencia, la reconexión de la mujer con sus fuentes de fuerza originales, y con sus tareas dentro de la sociedad humana, y finalmente, ambos tienen que liberarse de la idea falsa de que los celos forman parte integral del amor. Hombre y mujer son las dos polaridades del ser humano. Ahora ambos tienen que reunirse de manera que "encajen", para poder lograr aquella satisfacción duradera, que está establecida en el amor entre los sexos tanto a nivel psíquico como físico. En este punto no podemos ignorar el debate con los conceptos bien pensados del amor libre. El amor y la sexualidad son fuerzas de vida universales, ya no pueden ser conectadas a una sola persona, ni rodeadas por vallas privadas. En la cultura pacifista, el amor libre y la pareja duradera ya no se excluyen, sino que se condicionan y se retroalimentan. Los antiguos patrones de fidelidad sexual y celos están basados en la desconfianza entre los sexos. La libertad más profunda, que forma la base de todas las libertades, es la libertad del amor entre los sexos. Es ella la que genera la nueva ética y el nuevo orden, en el que los seres humanos ya no tienen que mentirse ni esconderse el uno del otro. De ella nace también la verdadera e inmensa alegría, no violenta, de vivir. Aquí reside un contenido esencial de la utopía concreta, que ahora se debe concretizar. La continuidad de las comunidades del futuro y de los nuevos conceptos de vida solamente podrá funcionar a largo plazo si contemplan el principio del amor libre y si saben, que no es ninguna contradicción con la ética de fidelidad y responsabilidad y que efectivamente nos está permitido. Para que nazca esa nueva fuerza necesitamos un campo amplio, libre y comunitario. Cualquier tipo de ideología o presión de grupo deja de tener sentido cuando se trata de un cambio tan profundo de nuestras mentalidades. Esto es válido tanto para nuestras fuentes eróticas, como para las espirituales y religiosas.

9. Creación de campos energéticos globales mediante trabajos puntuales
Ya no podemos enfrentarnos a la violencia con violencia, el tiempo de las revoluciones violentas se acabó. Primero son inútiles ante las relaciones reales de poder, y segundo no cumplen la meta humanista, considerando que la violencia - también la violencia de oposición - siempre genera miedo y nueva violencia. Esta es una ley psicológica que aún no ha podido ser superada por ninguna revolución.

Por ello necesitamos un concepto estructuralmente diferente para el trabajo global a favor de la paz. Un aspecto esencial de este nuevo concepto es la creación global de campos mediante intervenciones puntuales, o brevemente, la ley de los campos. No hace falta tratar todos los órganos y células de un cuerpo humano para liberarlo de una enfermedad. Basta la introducción de una nueva información, un impulso en favor de la cura, un medicamento o unas agujas de acupuntura, colocadas en los sitios adecuados. Si con estos medios alcanzamos las vías y centros energéticos, el cuerpo por si mismo consigue el resto del trabajo curativo. Esa ley se puede aplicar a todo del organismo planetario: basta introducir la información de un impulso de paz concentrado en "puntos de acupuntura" seleccionados, o sea, en los centros de energía, para activar la Tierra entera. (Me refiero aquí a un principio teórico. La necesidad de un trabajo concreto en las zonas en crisis, en todo el mundo, no se pone en duda. Ocupa un lugar importante en la escuela de paz, creada en Tamera, ver punto 11.)

La razón para esa forma de funcionamiento es que en el caso de la Tierra y de su biosfera se trata de un organismo unitario, de un cuerpo vital unitario y de un cuerpo portador de información unitario. Esto está demostrado, entre otras cosas, a través del código genético, cuya estructura matemática es la misma en todos los seres, tanto en las plantas como en los animales y en los seres humanos. Todos los seres siguen entonces la misma información básica de la vida. Fórmulas paralelas universales como el código genético y el "I Chin" de la China tradicional demuestran por su semejante matemática, que existe una estructura informativa semejante tanto a nivel molecular como espiritual. Cuando introducimos en este cuerpo informativo unitario de la biosfera - Teilhard de Chardin la llamaba "Noosfera" - una nueva información, y esa es compatible con la totalidad del sistema, esa información tiene el mismo efecto sobre todo el sistema de la "Noosfera" que el que tendría un medicamento sobre el sistema de nuestro cuerpo. Todos los seres forman parte de la "Noosfera". Por eso la información introducida tiene efecto - por lo menos de forma latente - sobre todos ellos. A través de la información surge un nuevo "campo".

Cada acción particular puede generar un nuevo campo, si está relacionada con una nueva información. Cuando Reinhold Messner subió al Mount Everest sin botella de oxígeno, creó una nueva información relevante para generar un nuevo campo. A partir de este momento fue posible también para otros subir al Mount Everest sin botella de oxígeno. Hay muchos ejemplos más de este estilo en el mundo del deporte o de la técnica. El principio de la formación de un "campo morfogenético" es válido a todos los niveles de la evolución, porque proviene directamente de la lógica funcional holográfica del cuerpo vital global, según la cual todos los seres están interconectados. Entonces, si se llega a desarrollar en algunos centros culturales nuevos en la Tierra, una información amplia para la construcción de una cultura sin miedo y sin violencia, esa información tendrá relevancia no solamente en ese lugar particular, sino en toda la "Noosfera" de la Tierra. En consecuencia, nacerán poco después modelos idénticos en otros lugares de la Tierra.

Estamos bien preparados para tales posibilidades, no solamente a través de la medicina y los estudios de los sistemas biológicos, sino también a través de la investigación del caos. Ligeras alteraciones, efectuadas en un punto de la Tierra, pueden provocar un efecto global gigantesco, como consecuencia de auto-amplificaciones matemáticas. Por la conexión de estos efectos de resonancia y multiplicación llegamos a una teoría política de una nueva estructura lógica. El sistema trabaja "por si mismo", si se impulsa a su mecanismo de la manera correcta.

Así que también forma parte de las tareas urgentes del trabajo para la paz la creación de tales puntos de fuerza, que contienen una información concreta de paz. Cuanto más amplia sea la nueva información, cuantos más campos de la vida contenga, cuanto más compleja sea y cuanto más profundamente explore la conexión entre nuestra existencia espiritual y biológica, tanto más generalizable y poderoso será el efecto global de su campo energético. Aquí valen las palabras bonitas de Víctor Hugo: "Nada es más poderoso que una idea a la que le ha llegado su momento".

10. Fundación de Biotopos de Curación

Los centros de fuerza, que hay que fundar los llamamos "Biotopos de Curación". Un Biotopo de Curación es una comunidad de personas, animales y plantas, cuyas fuerzas vitales se completan recíprocamente y para las que la violencia o el miedo no suponen un obstáculo. La idea básica de curación proviene del concepto de que todos los seres vivos están interconectados.

No existen estructuras aisladas. Hay una correlación entre todos los seres. Toda la existencia es comunitaria. Por eso la sanación de una persona no consiste en un proceso aislado, sino en algo que sucede a través de la relación con los demás. La curación de una persona tiene lugar tanto en la relación con su próximo, como en la relación con los animales, las plantas, la naturaleza y la creación. La energía curativa - biológica y espiritual - más profunda es la confianza. El holograma del miedo tiene que ser sustituido hasta donde tienen lugar los procesos celulares por el holograma de la confianza. Cuando este punto de cambio se haya conseguido, surgirá en todas las relaciones la nueva información que necesitamos para generar el nuevo campo de fuerza. Este proceso tiene implicaciones bastante complejas. Donde hay confianza desaparece, por ejemplo, el miedo a las serpientes. O surge el coraje para precipitarse al agua desde una gran altura. Donde hay confianza, no hay miedo a la pérdida ni celos. Tampoco se crean pensamientos de odio y violencia. La confianza es la energía de la paz: confianza entre niños y adultos, entre hombres y mujeres, entre diversas comunidades y pueblos, entre humanos y animales y entre hombre y universo.

El restablecimiento de la confianza en una comunidad requiere un gran esfuerzo, porque en situaciones determinantes, cuando se trata de sexo, amor, poder o dinero, estamos más bien programados a reaccionar con desconfianza. Necesitamos un concepto bien pensado y bien profundo de la sociedad humana, para resolver nuestros traumas y restablecer la confianza. La confianza es principalmente una cuestión de veracidad. ¿Cuánta verdad aguantan dos personas que se aman? ¿Cuánta verdad soporta una comunidad y cómo se maneja con ella? Quien ya no tiene que disfrazarse, tampoco tiene que temer no ser apreciado por los demás. Y quien deja de tener ese miedo, puede desarrollar un humanismo verdadero.

El trabajo dentro de uno mismo forma parte de la construcción de comunidades estables. Las fuerzas pacifistas tienen que estar profundamente presentes dentro de los trabajadores a favor de la paz, para poder ser eficaces también en el exterior. Nuestros defectos personales no son cosa privada; son un reflejo de los defectos globales. Y cuantos más seamos capaces de solucionar dentro de nosotros mismos, más podremos solucionar en el exterior.

Un elemento interesante del biotopo curativo es el santuario. Éste era, en las culturas ancestrales, un lugar donde nadie podía ser castigado. Los criminales que llegaran a este lugar, no podían ser perseguidos y podían comenzar desde allí una nueva vida. Es importante para la sanación de nuestra mente que recurramos a esa tradición y que aprendamos a entender completamente el pensamiento del perdón. Todos nosotros hemos sentido odio contra alguien alguna vez. ¿Somos capaces y estamos dispuestos a perdonar? ¿Son ya nuestro entendimiento y nuestro deseo de paz lo suficientemente profundos? Tenemos que confrontarnos con ese tema si realmente deseamos romper la cadena de miedo y violencia. Automáticamente estamos forzados a confrontarnos con nuestros rincones interiores, donde el poder y la soberanía de nuestro trabajo por la paz pueden demostrar su capacidad.

Los Biotopos de Curación están, en su creación y su estilo de vida, conectados con una nueva forma de pensar a nivel planetario. El abastecimiento de energía, el consumo de agua, la alimentación, el consumo y la reciclaje se orientan a largo plazo a las necesidades de una curación global. La manera de vivir es de relativa frugalidad, pero de gran poder energético. Como consecuencia de la integración en el todo cósmico, cambian los puntos esenciales y los centros de fuerza de la vida. El principio del Ego cede ante la conciencia universal y ante el flujo energético universal. Así se abren reservas de energía, que nos dan nuevas posibilidades para el trabajo de sanación, para la tecnología y la creación de campos globales.

Los biotopos curativos son verdaderas células del futuro y actúan en el sentido de la "creación de campos morfogenéticos". Con la creación del primer modelo aumenta la probabilidad de la creación de los siguientes.

Ha llegado el tiempo para la creación de estos biotopos curativos en todos los continentes. Cuantos más biotopos curativos surjan - con lo que se puede contar en los próximos veinte años - más se densifica el efecto del campo global. La próxima comunidad global de la Tierra provendrá de una red de biotopos curativos, de comunidades y pueblos, que adoptaron una existencia basada en la confianza y la cooperación con todos los demás seres.

11. El proyecto Tamera

Tamera se encuentra en Portugal y ocupa una superficie de 140 hectáreas, donde un grupo creciente de trabajadores para la paz se ocupa en crear las condiciones de vida para el desarrollo de un Biotopo de Curación. El trabajo se orienta a las reflexiones y objetivos descritos en este Manifiesto. En Tamera hay una escuela de paz (Escuela Mirja), donde se transmite, tanto en teoría como en práctica, las bases de un trabajo de sanación. Una parte de este trabajo siempre está también en la curación de la propia persona. No podemos construir una fuerza de paz en el exterior, si no está presente en nosotros mismos. Necesitamos una visión concreta de la paz, también para nuestra paz interior, para poder dar cara a la guerra con eficiencia. Si pretendemos desarrollar conceptos realistas, capaces de eliminar la cadena de violencia y de miedo, tenemos ante todo que identificar y superar esa cadena dentro de nosotros mismos. Estas relaciones permanentes entre la estructura interna y externa constituyen el tema básico del trabajo global para la paz.

Por eso se encuentran entre los temas de la escuela temas de la vida interior, tales como: el arte de superar el miedo - sexualidad y curación - la lógica del amor - construcción de comunidad y dirección de grupos - cosmología e investigación religiosa - evolución e historia antigua - el poder de la utopía concreta. Todos los participantes de la escuela reciben formación práctica y teórica, a lo largo de dos años, lo que les permite liberarse de sus propios problemas. El objetivo de esta formación es la preparación de las personas para un trabajo profesional en Tamera, o en cualquier otra comunidad del futuro, o para el trabajo internacional para la paz.

La escuela para la paz sirve para la formación de hombres y mujeres, que se han decidido a dedicar su trabajo y su futuro profesional al servicio de la curación y del trabajo global para la paz. Los trabajadores por la paz eficientes necesitan una dedicación y una energía profesional, que se mantenga estable, también cuando por ejemplo su vida amorosa sea inestable por una temporada. Pero necesitan también una tarea profesional que les permita solucionar sus conflictos personales y profundizar su vida amorosa. La existencia profesional y "privada", la revolución y el amor, el trabajo político y la emancipación personal tienen que reunirse si pretendemos generar la fuerza y la forma de vida, necesaria para la creación de paz sobre la Tierra. Esa es una idea clave de todos los cursos de formación en la Escuela de Paz de Tamera. Una cultura que está libre de miedo necesita nuevos prototipos de profesiones y nuevos cursos de formación, para que sea posible un trabajo duradero.

Para la gente más joven, que se interesan por este trabajo, existe la "Escuela Juvenil de Enseñanza Global". Para mucha gente joven la entrada en el mundo profesional existente ya no tiene ningún sentido. Necesitan otra perspectiva de vida, y la posibilidad de prepararse para su nueva profesión en un ambiente cultural global de paz. En este sentido se organizan viajes desde Tamera, en los cuales los jóvenes participan en el trabajo para la paz en otros países, adquiriendo así una perspectiva "cosmopolita" sobre la situación en nuestro planeta. Para la formación manual y técnica están disponibles en Tamera profesores cualificados y además existen puestos de trabajo. La escuela juvenil se dedica, entre otras cosas, al desarrollo de una nueva relación con la naturaleza y una relación de confianza verdadera entre humano y animal. Para ello se dispone también de un centro hípico y de una escuela de equitación.

12. Instituto de Trabajo de Paz Global (ITPG)

La razón de elaborar y distribuir este manifiesto es la fundación del Instituto de Trabajo de Paz Global en Tamera en el año 1999. El instituto tiene la tarea de acelerar el trabajo global de la red y de concretizar los objetivos establecidos en el biotopo, en todos los lugares posibles de la Tierra. Me gustaría volver a exponer esos objetivos:

- Colaboración con la naturaleza y todas las criaturas.
- Reintegración de los biotopos humanos en el "holon global" de la creación.
- Vida sexual gratificante y final de la guerra entre los sexos.
- Disolución de la cadena de violencia y miedo – también en la propia persona.
- Fundación de comunidades del futuro que transmitan al mundo una nueva información de paz, basada en una realidad vivida.
- Cultivo de los contactos con todos los grupos e individuos, que están involucrados en la creación de fuerza global de paz.
- Creación de una biosfera libre de miedo.

- Desarrollo de un concepto para una civilización global no violenta en la Tierra.

El ITPG coopera con todas las personas y organizaciones que estén interesadas en la concretización de los referidos objetivos. Para alojar a los visitantes existe una casa de hospedaje y un lugar de acampada. Está prevista la construcción de un Centro Internacional de Reuniones.

Como ya no podemos financiar, las construcciones planificadas en Tamera, la creación del Global Campus y la cooperación con nuestros colaboradores internacionales, con nuestros medios privados; agradecemos enormemente cualquier apoyo financiero.

Gracias en nombre de un futuro sin guerra.

Más informaciones

Institute for Global Peacework (IGP)
(Instituto de Trabajo para de Paz Global)
Tamera Monte do Cerro CP 7630 Colos Portugal
Teléfono (+351) 283 635 484 Fax (+351) 283 635 374
igp@tamera.org • www.tamera.org

¡El Plan de los Biotopos de curación necesita su apoyo financiero!

Los proyectos actuales los encuentran en:
www.the-grace-foundation.org

Les invitamos a hacer sus donaciones en:

GRACE- Fundación para la humanización del dinero,
8037 Zurich Raiffeisenbank Zurich
Número de cuenta: 92188.56 IBAN: CH6181487000009218856
BIC: RAIFCH22 Clearing 81487
(Cuenta PC del banco: 87-71996-7)
Para donaciones en marcos suizos: palabra clave: "Escuela del futuro"

GRACE- Fundación para la humanización del dinero,
8037 Zurich Raiffeisenbank Zurich
Número de cuenta: 92188.69 IBAN: CH9881487000009218869
BIC: RAIFCH22 Clearing 81487
(Cuenta PC del banco: 87-71996-7)
Para donaciones en euros: palabra clave: "Escuela del futuro"

¡Muchas gracias!

Datos sobre el autor

1942 Dieter Duhm nace en Berlín. Experimenta, como refugiado tras la guerra, el miedo y la violencia; esto será un tema importante en su vida. Se dedica ya desde muy temprano a la pintura, que lo llenará hasta cumplir los 20. Se involucra con 14 años en la obra benéfica "Pan para el Mundo" y se esmera en vivir en el espíritu de los Diez mandamientos y del Sermón de la montaña.

1959 Se retira de la Iglesia.

1951 Selectividad; después entrada voluntaria en el ejército, donde intenta, junto a amigos fundar un proyecto pacifista.

1963 Cese temporal de la pintura, "porque los otros temas se convirtieron en más importantes"; entrada en el trabajo filosófico y político.

1964 Comienzo de sus estudios, entre otros: filosofía, sociología y psicoanálisis; clausura: psicólogo (1969) y Doctor en Sociología. (1973). Ocupado durante algunos semestres con cibernética biológica, a través de la que adquiere noción de la manera de funcionar y de la mutabilidad de los circuitos biológicos.

1969 Comienzo de su trabajo terapéutico como psicoanalista, que abandona tras tres años, para concentrarse completamente en el trabajo político.

1968 Hasta 1974 comprometido políticamente con la Izquierda Marxista en el área de Mannheim/Ludwigshafen, donde asume, en el trabajo sindical con jóvenes, funciones de liderazgo. "Cabecilla" de manifestaciones, bloqueos de escuelas y acciones contra la editorial Springer. Cuatro denuncias por perturbación del orden público, que fueron abolidas a través de un decreto de amnistía del presidente Heinemann. Toma posición contra las tendencias colectivas y dogmáticas en la Nueva Izquierda. Publica en 1972 el Bestseller de izquierdas *"Angst im Kapitalismus"* [Miedo en el Capitalismo] y será uno de los portavoces principales del así llamado *"Debate de Emancipación"*, en el que se trata de la conexión del trabajo político y la liberación personal. Publicación del extendido *"Mannheimer Papiers"* ["Papel de Mannheim"] y el folleto "Revolución sin emancipación es contrarrevolución".

1970   Acogida y adopción de un niño de tres años con una enfermedad mortal, que cuida hasta su sanación. Matrimonio como intento de asociar el concepto de amor libre con la institución del matrimonio; en 1974 fracasa este proyecto.

1972   Ocupación intensiva con Teilhard de Chardin, Wilhelm Reich und G.W.F. Hegel. Desarrollo de una imagen del mundo dialéctica, fase previa de las tardías reflexiones holográficas. Trabajo mental y práctico en nuevas formas de vida, en las que el pensamiento socialista será extendido y profundizado, a través de la visión del amor libre. Intento de Duhm de hacer extensiva, la idea comunista de *"adelantarse a la izquierda"*, al área erótica. Escribe un libro "El amor y la izquierda", que no se puede publicar, porque su mujer indignada arrojo el manuscrito al río Neckar.

1974   Abandona la universidad a pesar de varias ofertas como catedrático así como su trabajo político previo y fundamenta esta decisión en el libro *"Der Mensch ist anders"* ["El ser humano es diferente"]. Reanuda sus intereses religiosos: ocupación intensiva con la historia de la religión, con los temas espiritualidad, naturaleza, ecología y sexualidad. Emprende arriesgados experimentos con drogas, para explorar sistemáticamente los espacios espirituales-mentales, las facultades sobrenaturales y las experiencias transcendentales. Él llega entonces sin drogas a vivencias reveladoras sobre la sagrada y holística estructura de la realidad. Comienza el "año de aprendizaje y peregrinaje", en este contexto visita repetidamente el Friedrichshof en el Burgenland austriaco, la desacreditada "Comuna de sexo" de Otto Muehl. Superación de su antipatía original contra este tipo de proyectos colectivos y confesión pública de la necesidad del trabajo allí realizado. Acto seguido rechazo de sus escritos en muchas librerías de izquierdas.

1975   Crisis de fe, arrebato de dudas y depresión. Cinco meses de pausa para la reflexión en la soledad de una casa de campo en la baja Baviera.

1978 Fundación del proyecto "Bauhuette", que ha guiado al proyecto actual "Tamera" en Portugal. Construcción de la primera comunidad viable. Encuentro con Sabine Lichtenfels, con la que continua en seguida con el proyecto conjunto.

1979 Publicación de su libro *"Synthese der Wissenschaft – der werdende Mensch"* ["Síntesis de la Ciencia - El hombre en ciernes"].

1982 Publicación de su libro *"Aufbruch zur neuen Kultur"* [Salida hacia una nueva cultura"]. Retoma la pintura después de veinte años de pausa.

1983 Dirección del gran experimento comunitario en Schwand/ Selva Negra (hasta 1986). Comienza el trabajo de curación. Descubrimientos sorprendentes sobre los síntomas corporales que emergen y desaparecen. Investigación y utilización sistemática de las "fuerzas de auto-sanación". Establecimiento de ideas de proyectos más grandes.

1985 Comienzo de la campaña contra la secta

1986 Empeoramiento de la campaña contra la secta. Primeros pensamientos sobre la emigración.

1990 Estancia en Lanzarote y preparación del proyecto de los Biotopos de Curación globales (hasta 1995).

1991 Publicación de su libro *"Der unerloeste Eros"* ["El Eros irredento"].

1992 Publicación de su libro *"Politische Texte fuer eine gewaltfreie Erde"* ["Textos políticos para una tierra libre de violencia"].

1995 Comienzo de la construcción del primer Biotopo de Curación "Tamera" en Portugal.

1999 Fundación del Instituto de Trabajo de Paz Global (ITPG).

2001 Trabajo en la preparación del "Tamera Arts", un centro para el arte y la curación, donde se investigan los fundamentos naturales del trabajo de sanación con el medio de la creación artística. Y donde se deben desarrollar nuevos métodos apropiados para la curación del humano y la naturaleza.

2005 Publicación de su libro *"Die heilige Matrix"* en inglés ["La Matriz Sagrada"].

2006 Publicación de su libro *"Zukunft ohne Krieg"* ["Futuro sin guerra"]. Madjana Geusen publica el libro: „Die heilige Gral des Mannes ist die Frau. Gemaelde, Texte und Zeichnungen von Dieter Duhm". ["El santo grial del hombre es la mujer. Pinturas, textos y dibujos de Dieter Duhm"].

2007 Publicación de su libro *"Zukunft ohne Krieg"* en inglés (Future without War).

2012 Dieter Duhm trabaja en Tamera como director del departamento de arte y curación y prepara un centro internacional del pensamiento y la conciencia para la curación de la tierra.

Bibliografía recomendada

Bibliografía básica

Braunroth, Eike: In Harmonie mit den Naturwesen in Garten, Feld und Flur, Organischer Landbau, 1997

Dahl, Jürgen: Der unbegreifliche Garten und seine Verwüstung, Klett-Cotta, 1995 (Hier: besonders das Kapitel über den Salbei – en particular el capítulo sobre el sabio)

Deschner, Karlheinz: Das Kreuz mit der Kirche, Econ, 1986

Duhm, Dieter: Towards a New Culture. Verlag Meiga, 2011

Duhm, Dieter: Eros Unredeemed. The World Power of Sexuality, Verlag Meiga, 2010

Duhm, Dieter: Future without War, Verlag Meiga, 2007

Dregger, Leila. Tamera. Um modelo para o Futuro. Verlag Meiga, 2010

Eisler, Riane: The Chalice and the Blade. Harper and Row, 1987

Ghazal, Eluan: Schlangenkult und Tempelliebe, Heyne, 1999

Hillesum, Etty (Autor); Gaarlandt, J. G. (Hg); Das denkende Herz. Die Tagebücher von Etty Hillesum. 1941-1943, Rowohlt, 1985

Lichtenfels, Sabine: Temple of Love, Verlag Meiga, , 2011.

Lichtenfels, Sabine: Grace. Pilgrimage for a Future without War. Verlag Meiga, 2007

Lichtenfels, Sabine: Sources of Love and Peace, Verlag Meiga, 2004

Lichtenfels, Sabine: Pedras de Sonho. Verlag Meiga, 2011

Lichtenfels, Sabine: Weiche Macht, Verlag Meiga, 1996

Lusseyran, Jacques: And there was light. Trans. Elizabeth R. Cameron. Floris, 1985.

Lusseyran, Jacques: Against the Pollution of the I: Selected Writings of Jacques Lusseyran, Morning Light Press, 2006

Mulford, Prentice: Unfug des Lebens und des Sterbens, Fischer Verlag, 1955

Satprem: Der kommende Atem, Daimon, 1987

Satprem: Der Sonnenweg zum grossen Selbst. Der Schlùessel zur bewussten Evolution, Rowohlt, 1993

Talbot, Michael: The Holographic Universe, HarperCollins,1991

Otros libros recomendados

Alexandersson, Olof: Agua viva – Sobre Viktor Schauberger y una técnica para nuestro medio ambiente. Ediciones Eco Habitar, 2009

Alt, Franz: Jesús, el primer hombre nuevo, Ediciones El Almendro, 1993

Bach, Richard: Ilusiones, B Ediciones, 2007

Bloch, Ernst: El principio esperanza, I-III, Trotta Editorial, 2007

de Boer, Hans: Gesegnete Unruhe, Lamuv, 2000

de Boer, Hans: Unterwegs erfahren, Peter Hammer, 1989

Bohm, David: La totalidad y el orden implicado, Kairos, 2007

Briggs, J.; Peat, F. D.: Seven Life Lessons of Chaos. Spiritual Wisdom from the Science of Change. McGraw-Hill, 1999.

Caddy, Peter: El Momento Oportuno, Errepar, 1998

Chardin, Teilhard de: Escritos esenciales, Editorial SAL TERRAE, 2006

Coats, Callum: Living Energies. An Exposition of Concepts related to the Theories of Viktor Schauberger. Gateway, 1996

Gloria Cuartas: Por que no tiene miedo , Temas de Hoy, 1998

Daimler, Renate: Verschwiegene Lust. Frauen über 60 erzählen von Liebe und Sexualität, Deuticke, 1999

Delbée, Anne: Camille Claudel. Circe Ediciones 2007

Deschner, Karlheinz: For a Bite of Meat.1998

Deschner, Karlheinz: todas sus publicaciones

Drewermann, Eugen: (Todos sus libros muestran un refinamiento intelectual y una humanidad que, a pesar de una orientación diferente, los hace dignos de lectura).

Duhm, Dieter: Political Theory for a Non-Violent Earth. Verlag Meiga,1992.

Duhm, Dieter: Synthese der Wissenschaft, Kübler, 1979

Duhm, Dieter: Die Wäscheleine („El Tendedero" - sin publicar aún)

Elworthy, Scilla: Power and Sex. Vega, 1996

Estés, Clarissa Pinkola: Mujeres que corren con los lobos, Zeta Bolsillo, 2009

Fukuoka, Masanobu: The One Straw Revolution – An Introduction to Natural Farming, Rodale Press, 1978.

Geller, Uri: Mi fantastica vida, Ediciones Grijabo, 1975

Geusen, Madjana (Hg.): Man's Holy Grail is Woman: Paintings, Drawings and Texts by Dieter Duhm. Verlag Meiga, 2006

Gogh, Vincent van: Cartas a Théo, Alianza Editorial, 2008

Göttner-Abendroth, Heide: Das Matriarchat I – Geschichte seiner Erforschung, Kohlhammer, 1995

Göttner-Abendroth, Heide: Das Matriarchat II, 1, Stammesgesellschaften in Ostasien, Indonesien, Ozeanien, Kohlhammer, 1999

Haetzel, Klaus: Wege auf Wasser und Feuer, Econ, 1990

Helsing, Jan van: Secret Societies and their Power in the 20th Century. A Guide through the Entanglements of Lodges with High Finance and Politics. Ewertverlag, 1995

Heyn, Dalma: The Erotic Silence of the Married Woman. Bloomsbury, 1992

Hill, Julia Butterfly: The Legacy of Luna, HarperCollins, 2001

Horstmann, Ulrich: Das Untier, Suhrkamp, 1985

Jong, Erica: Fear of Flying. Panther, St.Albans, 1976.

Kelly, Petra; Bastian, Gert; Ludwig, Clemens: The Anguish of Tibet. Parallax Press, 1991.

Kleinhammes, Sabine (Hg.): Rettet den Sex. Ein Manifest von Frauen für einen neuen sexuellen Humanismus, Verlag Meiga, 1988

Langer, Felicia: Zorn und Hoffnung, Lamuv, 1996

Leon, Donna: Latin Lover, Diogenes, 1999 (Hier: Ich will Rache (Quiero venganza)

Leonard, George: The Silent Pulse. A Search for the Perfect Rhythm that Exists in Each of Us. Dutton, 1978.

Lichtenfels, Sabine: Der Hunger hinter dem Schweigen. Annäherung an sexuelle und spirituelle Wirklichkeiten, Verlag Meiga, 1992

Long, Barry: Making Love – sexual love the divine way. Barry Long Books, 1998

Manitonquat: The Circle Way. 2000.

Manitonquat: Return to Creation. Bear Tribe Publishing, 1991

Manning, Jeane; Begich, Nick: Angels don't play this HAARP – Advances in Tesla Technology. Earthpulse Press, 1995.

McLean, Dorothy: To Hear the Angels Sing. Floris Books, 1980

Menchú, Rigoberta: An Indian Woman in Guatemala. Verso Books,1987.

Messner, Reinhold: Free Spirit – A Climber's Life. Mountaineers Books, 1998

Miller, Alice: Breaking the Wall of Silence. Virago, 1991

Miller, Alice: Am Anfang war Erziehung, Suhrkamp, 1980

Miller, Henry: The Smile at the foot of the Ladder. Village Press, 1973.

Miller, Henry: Sexus. Olympia Press,1960.

Moody, Raymond: Life after Life: the investigation of a phenomenon, survival of bodily death. Bantam, 1976.

Mühl, Otto: Aus dem Gefängnis, Ritter, 1997

Mühl, Otto: Otto Mühl 7 (Exhibition catalog). Hatje Cantz, Stuttgart, 1998.

Muigg, Norbert: Sprache des Herzens. Begegnungen mit Weisen der Maya, Ibera, 1999

Nicols, Preston B.; Moon, Peter: The Montauk Project. Sky Books, 1992.

Nietzsche, Friedrich: The Genealogy of Morals. Dover Publishers, 2003

Nigg, Walter: Das Buch der Ketzer, Diogenes, 1998

Osho: Meditation. Boxtree,1995

Pfau, Ruth: Das letzte Wort wird Liebe sein, Herder, 1998

Pfau, Ruth: Verrückter kann man gar nicht leben, Herder, 1995

Pogačnik, Marco: Die Erde heilen. Das Modell Türnich, Diederichs, 1996

Reich, Wilhelm: The Mass psychology of Fascism. Trans. V.R. Carfagno. Penguin, 1975

Reich, Wilhelm: The Discovery of the Orgone. Trans. Andrew White. Vision Press, 1974.

Reich, Wilhelm: The Murder of Christ. Souvenir Press, 1975

Ritchie, Georg G.; Sherill, Elizabeth: Return from Tomorrow, 1978

Risi, Armin: Machtwechsel auf der Erde, Govinda, 1999

Roger, Frère: Der Weg der Versöhnung, Gütersloher Verlagshaus, 1985

Schipflinger, Thomas: Sophia – Maria: a holistic vision of creation. Wieser, York Beach, 1997

Schubart, Walter: Religion und Eros, Beck, 1989

Schwepcke, Barbara: Aung San Suu Kyi, Heldin von Burma, Herder, 1999

Schwenk, Theodor: El caos sensible, R. Steiner (antroposofica), 2011

Temple, Robert: The Sirius Mystery. Sidgwick and Jackson, 1976.

Tompkins, Peter; Bird, Christopher: The Secret life of Plants. Allen Lane, 1973

Ywahoo, Dhyani: Voices of our Ancestors. Shambhala, 1987

Zillmer, Hans-Joachim: Darwins Mistake – Antediluvian Discoveries Prove Dinosaurs and Humans Co-Existed. Adventures Unlimited Press, 2003.

Zorn, Fritz: Mars. Trans. Robert Kimber. Knopf, 1982.

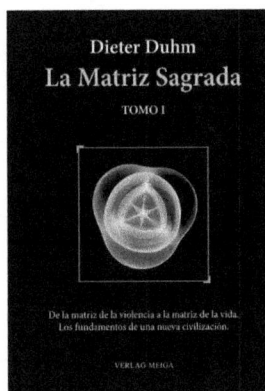

Dieter Duhm

La Matriz Sagrada   TOMO I

De la matriz de la violencia a la matriz de la vida.
Los fundamentos de una nueva civilización.

Traducido del alemán por
Carmen Alburquerque Ruiz.

Título original: Die Heilige Matrix.

¿Que hay que hacer para detener la violencia global y para iniciar la globalización de paz? Para llegar a una respuesta bien fundada han sido incluidas diversas fuentes de conocimiento humano, conocimiento sobre la ciencia moderna, política, historia, sobre la investigación del caos, holografía, espiritualidad, ecología y sanación. El resultado es una revelación.

"El punto de Arquímedes", el título de un capítulo y al mismo tiempo la esencia de este libro es el amor .Una palabra humana que solo puede surgir de un corazón abierto. Pero, ¿cómo puede el amor estar vinculado con el poder político de la manifestacionr? ¿Cómo puede la relación de las fuerzas de la violencia y la paz ser cambiada de manera que el objetivo fijado de una tierra libre de violencia parezca alcanzable?

Con pasos lógicos y pensamientos precisos, los hilos mentales de este libro han sido escogidos y ordenados en "La Teoría Política". Un camino sobre como lo aparentemente imposible puede ser posible y se hace visible. Lo escrito aquí es High Tech para la paz. El gran sueño de la paz mundial podría tener éxito hoy ...

Verlag Meiga, ISBN: 978-3-927266-45-2

www.verlag-meiga.org